《评估指南》背景下幼儿园保育教育

家园共育

主编◎徐曼丽　陈晓鹭　韩　志

中国出版集团有限公司

世界图书出版公司
北京　广州　上海　西安

序

学前教育工作是一项奠基工程，也是一项未来工程。办好学前教育，关系亿万儿童健康成长，关系社会和谐稳定，关系党和国家事业未来。

党的十九大提出，要在"幼有所育""幼有优育"上不断取得新进展，习近平总书记就学前教育改革发展多次作出重要批示。我国已经进入高质量发展阶段，党的十九届五中全会从国家层面提出了建设高质量教育体系的要求。由此，学前教育已真正成为高质量教育体系的有机组成部分。

"十四五"是学前教育从高速增长向高质量发展转型的关键期，即从公益普惠向优质发展。为此，我们应根据高质量的要求，深入思考学前教育改革和发展中关于"培养什么人、怎样培养人、为谁培养人"的根本问题。2022年2月，教育部印发《幼儿园保育教育质量评估指南》（以下简称《评估指南》）指出，坚持社会主义办园方向，践行立德树人的使命，树立科学评价导向，推动构建科学保教体系，整体提升幼儿园办学水平和保教质量。《评估指南》首次将"品德启蒙"列入幼儿园"办园方向"关键指标，幼儿品德启蒙教育的重要性愈加凸显。

幼儿教育除了文化启蒙，更重要的是良好品德的培养，对于幼儿个体成长与发展具有重要的奠基作用。

《评估指南》颁布两年以来，各地纷纷响应，践行文件精神。但是很多幼儿园依然无法理解和参透《评估指南》的精髓，无法真正落实其精神，不知如何在保育教育中践行。在现实执行过程中文件是文件，保教过程是保教过程，两者出现了剥离，前者成了用来学习的理论，并没有很好地引导后者质量的提高。

怎样在两者之间架起联系的桥梁，让文件的精神落实在保教过程中，更契合一线工作者的需求呢？

本书立足幼儿品德启蒙教育探索与研究，以习近平新时代中国特色社会主义思想为引领，贯彻《新时代幼儿园教师职业行为十项准则》和《评估指南》，从《评估指南》中提取品德教育、保育工作、运动健康、安全工作、一日生活、幼小衔接、师幼互动、家园共育、环境创设、园本教研十个核心方面，分别进行阐述，其内容全面，涉及幼儿园工作的各个方面；每册目标鲜明、主题突出、论述亲切、可读，案例选材经典、主题深入、分析精练，有利于教师灵活使用。

为了增强可读性、时效性和操作性，图书中的案例作者以幼儿园一线教师为主，事件是发生在实际生活中的，建议是基于成功经验的总结和提升的，他们能够以理论为工具，对教育行为和实践进行对照分析，每个案例的说明，都以落实《评估指南》为目标，能尽快提高师德素养与保教能力，也有助于幼儿家长等社会人士了解幼儿品德启蒙教育的相关知识与技巧。

希望本书能够引起广大教师的共鸣，为幼儿品德启蒙教育实践提供借鉴与指导。让《评估指南》不再是文字要求，而是行为自觉。

希望这本书能给幼教工作者们以启发，也希望对幼儿园品德课程改革起到引领、启迪和借鉴的作用。

杨雅清

前 言

　　本书以《评估指南》为依据，积极探索适应社会变化的"家园共育"新模式，从教育理念、实施路径、教育策略、案例评析、实践成效等方面进行阐述，旨在为家园共同营造和谐、共生的教育环境，通过有效的沟通与合作使教育形成合力，共同促进孩子的全面发展。

　　本书共分为三章。

　　第一章，从理论层面阐述家园共育的基本概念、目标和面临的挑战，阐述了家庭和园所应通过建立平等互信的关系，在思想上达成教育共识、在行动上凝聚教育合力、在沟通上彼此理解、在遇到问题时有效化解矛盾以及家园合力在孩子成长过程中不可或缺的作用。

　　第二章，着重介绍家园共育的实施路径和实践策略，包括家长如何与老师建立有效的沟通渠道、如何参与园所的各项活动、如何制订并执行家庭教育计划等。此外，还详细描述了家长在孩子的心理、情感、道德等方面的培养过程中所扮演的重要角色及其肩负的责任，使家长能够更好地把握家庭教育的方向和方法。

第三章，以案例为线索，通过一系列真实的、具有代表性的实例，深入阐述了家园共育的理念、实践方法和挑战。选取的案例，涵盖不同年龄段、不同家庭背景和不同教育环境的幼儿，详细地描述了家庭与幼儿园之间的合作过程，包括如何建立有效的沟通机制、如何共同制订教育计划、如何共同解决教育问题等。通过对这些案例的深入剖析，便于读者了解家园共育的重要性以及实际操作中的技巧。

本书从老师们日常的家园共育案例和幼儿的生活入手，精选众多生动的案例让读者感受到家园共育的魅力和力量。本书具有理论实践化、课程生活化、途径多样化等特点，切合家园共育的实际需要，具有很强的实用性和操作性，能给从事学前教育工作的一线教师和家长们提供家园共育实践的参考，从中选择适合自己的方法和技巧，启发读者思考，根据自己的实际情况调整和优化家园共育的策略，更有效地促进幼儿的成长。

目录

第三章　家园共育教育策略

微信扫码
● AI 教学助手
● 内容图谱
● 知识图卡
● 保育笔记

第一章
家园共育的理论基础

　　随着社会的发展以及幼儿教育政策导向的日益增强，家园共育在幼儿发展和幼儿教育中发挥着重要的作用。家园共育是肩负着幼儿启蒙教育重任的家庭与幼儿园以及家长与教师之间的携手共育。家园共育以促进幼儿的发展为共同目标，家庭和幼儿园都承担着做好幼儿教育的责任，有着共同的需求。在幼儿园搭建的平台上，通过幼儿、教师和家长之间的多元互动，以及幼儿园与家庭之间的双向紧密联系与沟通合作，统整各方的优质教育资源，实现家庭教育和幼儿园教育的有机结合与优势互补，进而形成家园教育的合力，为幼儿的全面教育保驾护航。

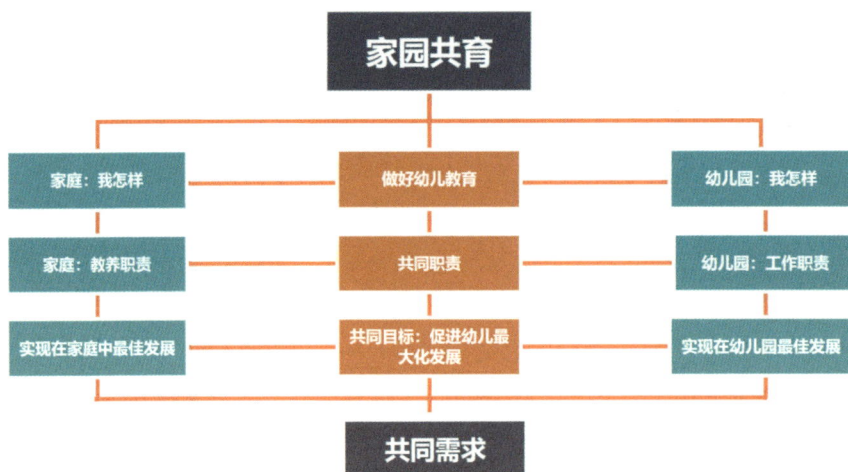

```
                        家园共育

  家庭：我怎样      做好幼儿教育      幼儿园：我怎样

  家庭：教养职责      共同职责      幼儿园：工作职责

 实现在家庭中最佳发展  共同目标：促进幼儿最  实现在幼儿园最佳发展
                   大化发展

                        共同需求
```

第一节　家园共育的内涵

家园共育在围绕幼儿发展进行探索的过程中，不断明确"共育"的价值取向，不断促进"共育"的内涵发展，不断深化对幼儿教育的理解与追求，强调家庭与学校是孩子成长的两大重要环境，两者应该相互支持、相互补充。家庭是幼儿最初接触社会的场所，家长的教育方式、家庭氛围等都会对孩子的成长产生深远影响，而幼儿园则是孩子接受系统教育的场所，教师的引导、同伴的交往都是幼儿成长中不可或缺的部分。家园应共同为幼儿的成长创造良好的环境，建立起平等、尊重、合作的关系。

一、教育理念的共识

家园共育理念强调家庭、学校和社会之间的紧密合作，重视家长的参与和责任感，以及学校和老师所展现出的专业性和引导作用，家园形成一个教育共同体，共同承担教育幼儿的责任。家长在幼儿成长中作为第一任教育者有着不可替代的作用，应积极了解孩子的需求和成长情况，并给予足够的关心和指导。

园所为幼儿提供高质量的教育资源、环境和专业性的引导，与家长共同制订教育计划，关注孩子的个体差异和特殊需求。双方应本着相互尊重、平等和合作的原则，开发和利用多样化的教育资源，为幼儿创造多种学习机会、丰富其经验，促进孩子的全面发展。

二、信息共享和交流

信息共享与交流是家园共育的基石。通过及时、准确地传递幼儿的学习、生活和情感状况，家庭与园所能够更全面地了解孩子的成长进展，从而制订更为科学、合理的教育计划。如面对面交流、电话沟通和利用现代信息技术手段的微信群、QQ 群、学校官方网站等，实现信息的快速传递和共享；定期举办家长会、家长开放日、家长沙龙、家长约谈、家长助教等活动，为双方在教育问题上的深入交流与合作搭建平台；通过组织亲子运动会、文艺演出、社会实践等活动，家园共同参与孩子的成长过程，增进亲子关系和师生情感。信息共享与交流有助于增强家庭与学校之间的信任与理解，促进双方在教育理念和方法上的共识，形成教育合力。

三、家庭教育的延伸与强化

家园共育的核心理念在于，家庭与幼儿园不是孤立的教育单元，而是共同构成一个完整的教育生态系统。家庭教育虽具有针对性强、灵活性高的特点，但往往缺乏系统性和专业性，而幼儿园的教育则具有系统性强、专业性高的特点，两者相互融合实现了优势互补，强化了教育的效果。家长可以在教师的指导下，更加科学地进行家庭教育，同时可以利用园所的专业资源，提升家庭教育的质量。

家庭教育的延伸还有助于增强家庭与园所之间的沟通与理解。通过共同参与孩子的教育过程，家长可以更深入地了解幼儿园的教育理念、教学方法和孩子在园表现，从而更加精准地把握孩子的成长需求。同时，园所也可以更加全面地了解孩子的家庭背景和成长环境，为制定个性化的教育方案提供有力支持。

四、资源共享和互补

资源共享是家园共育中的重要理念。家园各自拥有独特的资源，通过共享这些资源，可以实现教育效益的最大化。幼儿园有专业化的教育设施、优秀的师资队伍和丰富的课程资源，为孩子的学习提供有力支持；而家庭则可以提供温馨的成长环境、亲密的亲子关系和个性化的教育引导，为孩子的情感和社会性发展奠定基础。

在资源共享的基础上，家园共育通过互补可以实现教育资源的优化配置。如幼儿园可以借鉴家庭教育中情感交流、个性化引导等方面的经验，进一步完善园所教育体系，而家庭则可以学习幼儿园在教育方法、课程设计等方面的专业知识，提升家庭教育的科学性和有效性。双方的合作与沟通，定期交流孩子在学习、生活和情感方面的情况，共同制订教育计划并协作解决教育过程中出现的问题，积极为幼儿营造一个丰富多彩、充满爱的教育环境。

第二节　家园共育的目标

家园共育是现代教育中不可或缺的部分，其核心在于强调家长与幼儿园之间的协同努力和密切合作。家园教育的一致性和连贯性对于幼儿的成长至关重要，当家长与园所的教育理念和方式互相协调，就会形成教育合力，共同推动幼儿的全面发展。

一、共育——促进幼儿全面发展

家园共育的首要目标是共同促进幼儿的健康成长，注重德、智、体、美、劳五育并举，这是一个多维度、综合性的目标，需要通过家庭和幼儿园之间的紧密合作，共同为幼儿的成长和发展提供全方位的支持。

家庭与幼儿园应为幼儿提供丰富多彩的体育活动和户外游戏，帮助幼儿提高身体素质和运动能力，同时培养他们对体育活动的热爱。通过集体体育活动和亲子运动，让幼儿发展基本的运动技能，提高幼儿的运动能力、反应能力和身体协调等能力。家庭和幼儿园还可以组织户外探险、徒步、露营、野餐等活动，使幼儿接触更多的自然环境，呼吸新鲜的空气，从而增强幼儿的体质，培养敢于冒险的精神和探索欲望，让幼儿在亲近自然中得到成长。家长和教师应为他们提供适宜的运动场地，让幼儿参与自己感兴趣的体育活动，如篮球、足球等，激发幼儿的运动兴趣，让他们在运动中感受到快乐，从而助力幼儿的健康成长。

家长和教师通过共同制订学习计划和给予及时反馈，引导幼儿逐渐养成良好的学习习惯；通过组织各种认知活动，如思维训练、科学实验，激发幼儿的好奇心和求知欲；家长在家中可以延续这些学习经验，通过互动问答、亲子阅读等方式，进一步拓宽幼儿的知识视野。

在家园共育的工作中更加关注幼儿的情感需求，通过理解和支持幼儿，耐心倾听他们的心声，关注他们的情绪变化，以及给予关爱和支持，帮助幼儿建立安全感和自信心，培养他们与人相处的能力。通过家园配合，共同为幼儿提供创造的空间和机会，鼓励幼儿发挥创造力和想象力，如涂鸦、创意手工、音乐器材等，让幼儿在宽松的环境下表达自己的思想和情感。通过家庭和幼儿园之间的相互合作，提供多样化的学习资源和环境，关注幼儿的个体差异，共同为幼儿的全面发展提供有力的支持，使他们在幼儿园获得良好的教育，在家庭中得到充分的支持，从而迈向美好的未来。

二、共成长——增强家长育儿能力

家园共育是一个综合性的教育模式，不仅关注幼儿在幼儿园的成长，还致力于提高家长的育儿能力和教育素质。通过一系列的活动和策略，帮助家长更好地理解和支持幼儿的发展，提升家长的育儿信心和能力。

如通过培训活动，为家长们提供一个交流和学习的平台。培训由专业的教育工作者或专家主持，分享最新的育儿理念和方法，帮助家长更好地理解和应对幼儿成长中的各种挑战，使家长们掌握更多科学、有效的育儿技巧。还通过家长座谈会的形式，鼓励家长分享育儿经验和心得体会，使家长们互相学习、互相借鉴，增强他们的育儿信心和动力，从而不断完善育儿方式。亲子活动是家园共育中不可或缺的一部分，通过共同参与手工制作、亲子游戏等活动，建立更加紧密的亲子关系，还能增进家庭和幼儿园之间的了解和信任。

三、共情——建立良好家园关系

建立良好的家园关系，是家园共育的基础，应本着相互尊重、相互配合的原则，通过家长与幼儿园之间的深入沟通、彼此理解和真诚信任，营造和谐的家园关系，共同携手合作，为幼儿营造一个温暖、安全、关爱的成长环境。

幼儿园通过定期的家访、家长会、约谈、亲子活动等形式，与家长保持密切联系，及时传递幼儿的学习与生活情况，使家长积极参与其中，主动与教师交流，了解幼儿在园表现，分享家庭教育的经验和困惑。教师尊重家长的育儿选择，关注家长的育儿困惑，提供适当的支持和帮助；家长理解教师的教育方法，积极配合幼儿园的各项工作，从而建立良好的家园关系，共同促进幼儿的发展，形成教育合力。

四、共享——实现教育资源共享

实现家庭和幼儿园之间的资源共享，为幼儿园教育提供有力支持。通过整合家庭和社会资源，以及将幼儿园的教育资源和理念延伸到家庭，形成家庭教育和幼儿园教育的无缝衔接。家长积极参与到幼儿园活动中，提供来自家庭的独特资源和经验，从而满足幼儿成长的多元需求。如家长根据自己的职业特点、专业特长，提供给幼儿与警察、医生、消防员等多种不同的社会交往的机会，为幼儿园带来不同领域的知识和技能，丰富幼儿园的教育内容；分享学习资料、多媒体资料，为幼儿园的教育活动提供更多的素材和参考。与此同时，幼儿园将自身的教育理念和资源分享给家长，帮助家长更好地理解和支持幼儿的发展。

在多样化的家园共育活动中，幼儿有更多的机会与不同的家庭、不同的社会群体进行互动和交流，这种多元化的社交环境有助于幼儿与他人合作和沟通，培养了社会适应能力。

五、共识——增进家园互动合作

增进家长与幼儿园之间的紧密互动和深入合作，在教育理念、教育内容以及教育预期等方面达成教育共识，家园携手为幼儿的成长提供全方位的支持和帮助，推动幼儿园教育质量的不断提升。通过组织各种形式的家园互动活动，如定期召开家长会、家长志愿者、家长课堂等，为家长提供一个交流的平台，帮助家长更好地理解和支持幼儿的发展，增进家长与幼儿园之间的了解和信任，形成共同的教育合力，为幼儿的发展提供全方位的支持和帮助。

家长的反馈和建议帮助幼儿园更精准地把握教育方向、调整教育内容，使教育更贴近幼儿需求，不断提升幼儿园的教育质量水平。通过参与幼儿园的教育活动、协助教师进行教学、提供教育资源等方式，为幼儿园的教育工作提供实质性的帮助；通过家长的参与和支持，幼儿园不断优化教育方式，提高教育质量水平。因此，加强家长与幼儿园之间的合作与交流，让家长成为幼儿园教育的有力支持者，从而为孩子创造更加优质的教育环境。

总之，幼儿园家园共育的目标在于促进幼儿全面发展、增强家长育儿能力、建立良好家园关系、营造和谐教育环境、实现教育资源共享、提升教育质量水平、培养幼儿社交技能以及增进家园互动合作。这些目标的实现需要家长和幼儿园的共同努力和协作，为幼儿创造一个更加美好的成长环境。

第三节　家园共育面临的挑战

幼儿园家园共育是现代教育理念的重要体现，旨在通过促进家长与幼儿园之间的紧密合作，共同为幼儿的全面发展提供全方位的支持。然而，在实践过程中，幼儿园的家长工作也面临着诸多挑战。

一、家长参与度不均衡

家长参与度不均是家园共育面临的重要挑战之一，在实践中，部分家长积极参与幼儿园的各项活动，包括亲子活动、家长助教等，家长的参与不仅丰富了幼儿园的教育资源，还对幼儿的成长起到了积极的推动作用。然而，也有部分家长对幼儿园的活动参与度较低，他们由于各种原因，如工作繁忙、家庭事务等，未能充分参与到家园共育的过程中来。这种不均衡的现象在一定程度上削弱了家园共育的整体效果，使得部分幼儿未能充分享受到家园共育带来的全面发展机会。为解决这一问题，幼儿园可通过问卷调查、家长会议等方式了解家长的参与意愿和期望，有针对性地引导家长参与活动，提高家长参与的积极性。

家长参与质量是影响家园共育效果的关键因素。家长虽然参与了幼儿园的活动，但参与质量不高，缺乏深入合作和互动。为提高家长参与质量，幼儿园应加强对家长的指导和培训，提高家长的参与能力和积极性。同时，幼儿园应建立有效的激励机制与评价体系，对积极参与的家长给予适当的奖励，从而鼓励家长积极参与家园共育工作，共同促进孩子的成长。

二、家庭关系呈现多元化

在现代社会，随着家庭结构和家庭成员角色的多样化，给家园之间的有效沟通带来了挑战，也增加了教师开展家长工作的难度。现代家庭中存在完整家庭、单亲家庭以及再婚家庭等多种结构，教师在与家长沟通时需要适应不同的沟通模式和期望，从而增加了沟通的难度。除了父母，教师还需要与保姆、司机、老人等其他角色进行沟通，他们的影响力及教育观念都存在差异，可能导致教师在接收和处理家长反馈的时候遇到误解，使家园共育的工作变得非常困难，因此，需要教师具备更高的沟通技巧和应变能力，以应对不同家庭和角色的沟通场景。

三、家长法律意识增强

随着社会的进步，家长的法律意识逐渐增强，家长对孩子的教育权、人权观也更加关注，对教师的信任度也受到了一定的影响。经常出现对教师的教育方法和态度提出要求，家长开始运用法律来维护自己的权益，涉及身体伤害、心理伤害、教育歧视、隐私保护等方面。

例如，幼儿在幼儿园玩耍的时候不幸摔伤，家长得知情况后，要求园方提供监控视频，并追究法律责任。家长的法律意识逐渐增强，这对家园沟通带来了新的机遇和挑战，教师需要增强自身的法律素养，与家长建立公正透明的沟通机制，工作中尊重并保护家长和孩子的权益，同时，促进家长与教师的互信、合作。这是对教师，乃至幼儿园更大的挑战和要求。

四、家长期望值过高

部分家长对幼儿园的期望过高，希望幼儿园能完全承担孩子的教育责任。这种期望与实际情况的差距导致家长对幼儿园工作的不满和失望，从而使家园共育的沟通变得更为复杂和困难。他们往往希望孩子在幼儿园能受到更优质的教育，会对教师提出各种建议和要求，甚至还会对教师的教育方法产生怀疑，然而，每一个孩子的生长发育速度都是不同的，教师需要花费更多的精力去面临来自家长的"压力"，这种压力会让教师感到束手无策。

为此，幼儿园应加强与家长的沟通，明确教育责任分担，引导家长树立合理的教育期望，共同促进孩子的成长。同时，幼儿园还要不断提高自身教育质量和服务水平，以满足家长的需要和期望。通过开展半日开放活动、家长培训等方式，让家长更多地了解幼儿园的教育理念和教育方法，引导家长正确看待孩子的成长和发展。教师需要保持冷静，加强与家长的交流，并寻求园所领导的支持和帮助，一起应对这一挑战。

五、家长工作专业培训缺失

目前，幼儿园在家长工作方面的专业培训有些不足，教育研究者对于家长工作的研究也相对较少，缺乏系统、深入研究，这导致在幼儿园实际工作中，家园之间的矛盾频繁发生。教师在面对家长的问题和需求时，由于缺乏专业的培训，难以妥善应对，往往使教师感到力不从心。

因此，加强家长工作的专业培训尤为重要，应高度重视家长工作的专业培训，积极采取措施加以改进和完善。应针对新教师，提供实用、有效的指导方法和策略，培训内容包括：沟通技巧、情绪管理、危机应对等，从而帮助教师更好地与家长沟通、合作，改善家园关系，减少矛盾和纠纷，同时提升幼儿园的家园共育质量和幼儿园声誉。

综上所述，幼儿园家园共育面临着诸多挑战，这些挑战来源于家长的期望值、教师与家长沟通能力的不足等，为了有效地应对这些挑战，幼儿园应建立有效的沟通机制，确保教师与家长能够保持积极的信息交流。总之，家园共育是一个复杂且重要的工作，需要幼儿园、教师和家长的共同努力，通过加强与家长的沟通、合作和互动，理解家长的需求和期望，制定合理的教育方案，更好地促进幼儿的全面发展，实现家园共育的目标。

微信扫码

- AI 教学助手
- 内容图谱
- 知识图卡
- 保育笔记

第二章
家园共育的实施路径

第一节　家长会

家长会的实施

视频二维码

《评估指南》中指出，通过家长会等多种途径，向家长宣传科学育儿理念和知识，为家长提供分享交流育儿经验的机会，帮助家长解决育儿困惑。家长会是教师与家长进行双向沟通、实现家园共育的主要途径。幼儿园可根据大、中、小班幼儿的年龄特点，召开不同主题的家长会。如小班的侧重点为：自理能力、分离焦虑、集体适应；中班的侧重点为：同伴交往、学习品质、阅读兴趣；大班的侧重点为：幼小衔接、入学准备、小学适应。通过家长会，教师与家长可就幼儿教育理念、成长状况等进行深入交流，减少距离感，双方形成合力，共同促进幼儿的成长。为了确保家长会的顺利开展，需要做以下准备与实施工作。

一、制订计划，提前了解家长关注点和困惑

针对家长关心的话题开展家长会，能够充分调动家长参与的积极性。因此，在开家长会前的一周，教师可以通过调查问卷、手机短信、班级微信群、个别沟通等方式，了解家长最关注的问题，明确家长会的主题，从而有计划、有重点地帮助家长解决难题及困惑。

家长会调查问卷

（示例）

亲爱的家长们：

我们即将举办一次家长会。为此，我们向您了解，跟孩子有关的话题中您特别感兴趣的是什么？请您拿出一点点时间，告诉我们您的兴趣和想法。请您最迟于 ×× 日将问卷交到孩子所在的班级，我们很期待收到您提的宝贵意见。

一、我对下列主题感兴趣

☐ 孩子在幼儿园里的生活

☐ 教育方面

二、孩子在以下方面的发展

☐ 与其他小朋友的相处

☐ 美术和音乐方面的创造力

☐ 语言能力

☐ 身体发育和肢体活动

三、您可以为家长会推荐一些话题吗？

1. × ×

2. × ×

四、我们思考一些具体的主题，您最感兴趣的是哪一个？

1. × ×

2. × ×

3. × ×

请您留下姓名：× × ×

× × × 幼儿园

× × × × 年 × × 月 × × 日

二、人员安排，落实各项准备

  家长会的内容、目的、形式每次都有所不同，因此，对环境、场地的需要也不同，会场的安排要符合活动主题、家长的需求。会场布置、家长会活动签到表、会议 PPT 等都需要提前准备。因此，教师在家长会前把准备工作分配好，将所需要完成的工作具体化。

  家长会主要有以下准备工作：确定并预约活动场地、接待、家长会活动签到表（每班各一张）、黑色签字笔、茶水与果盘适量、会议 PPT、园所宣传视频、照相、摄像、多媒体操作等材料和设备准备。

细目	准备	责任人
会议要求	着工装、化淡妆、提前1天发通知	
接待人员	签到表、纸笔、接待	
会务人员	安排座位、发放资料、会议记录、播放PPT	
后勤人员	会场布置、座椅摆放、照相、清场	

三、合理规划，制定家长会方案

方案中需要确定家长会的时间、主题、目的、内容、流程等，以确保会议顺利进行。在制定方案时，要充分考虑家长的情感需求、教育困惑等，以及小中大不同年龄段的侧重点及教育目标，确保家长会顺利实施的同时能够得到家长的充分认可。

例如，新学期小班家长会活动方案。

活动主题：不负相遇日，静待花开时。

活动形式：引导家长签到、开场致辞、介绍班级情况、一日活动流程、入园注意事项、自主游戏活动、家园配合等。

活动目的：为了帮助家长树立正确的教育观念，加强与幼儿园、教师之间的信任，缓解幼儿入园焦虑，增强亲子关系，从而实现良好的家园共育。

活动时间：××××年××月××日××点××分。

活动地点：各班级教室。

参加人员：新生家长。

活动流程：

8:40 ~ 8:50 家长签到（班级播放舒缓的轻音乐）。

8:50 ~ 9:00 会议开场，致欢迎词。

9:00 ~ 9:30 幼儿在园一日生活流程介绍。

9:30 ~ 10:30 幼儿入园注意事项。

10:30 ～ 11:00 教师介绍自主游戏活动。

11:00 ～ 11:30 家园配合。

11:30 ～ 11:40 感谢参会。

11:40 个别家长沟通。

四、准备致家长一封信，提升会议质量

在活动开始前，教师需要提前准备致家长一封信，信中详细说明此次会议的目的、意义和需要家长配合的内容，明确家长与幼儿园在幼儿教育中的共同责任，从而使家庭教育与学校教育形成合力，共促幼儿成长。

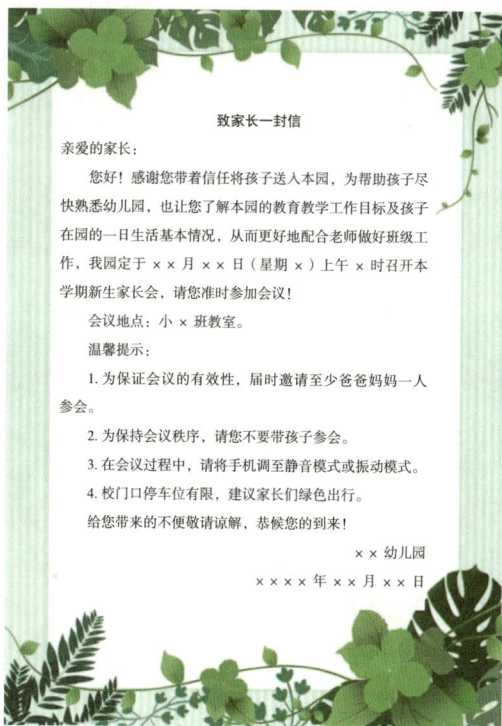

致家长一封信

亲爱的家长：

您好！感谢您带着信任将孩子送入本园，为帮助孩子尽快熟悉幼儿园，也让您了解本园的教育教学工作目标及孩子在园的一日生活基本情况，从而更好地配合老师做好班级工作，我园定于××月××日（星期×）上午×时召开本学期新生家长会，请您准时参加会议！

会议地点：小×班教室。

温馨提示：

1. 为保证会议的有效性，届时邀请至少爸爸妈妈一人参会。

2. 为保持会议秩序，请您不要带孩子参会。

3. 在会议过程中，请将手机调至静音模式或振动模式。

4. 校门口停车位有限，建议家长们绿色出行。

给您带来的不便敬请谅解，恭候您的到来！

××幼儿园

××××年××月××日

五、会后总结反思，及时给予家长反馈

在家长会后及时给予家长反馈，是今后有效互动的关键。例如，通过微信交流或问卷调研的方式获得会后反馈；通过微信公众号或美篇发布活动详情，烘托会议效果；通过电话或面谈重点与个别家长交流，解答会议遗留问题。

幼儿园家长会是一项非常重要的活动，需要提前制定会议主题内容、充分准备和安排，确保会议的顺利召开。同时，在会中及会后也需要注意多方面的细节，做好反思与总结，及时了解家长对活动的想法、建议，与家长相互理解，互相沟通，共促家园共育。

（石家庄市桥西区瑞特幼儿园　乔雯）

微信扫码

AI 教学助手
内容图谱
知识图卡
保育笔记

中班下学期家长会

活动主题：携手童心，静待花开。

活动时间：××××年××月××日。

活动地点：×××幼儿园中×班教室。

参加人员：中×班全体家长。

活动准备：

幼儿用图画、符号和文字的形式，制作富有设计感的邀请函、座位牌，教师以圆桌形式布置家长会环境，贴心指引，有序签到。

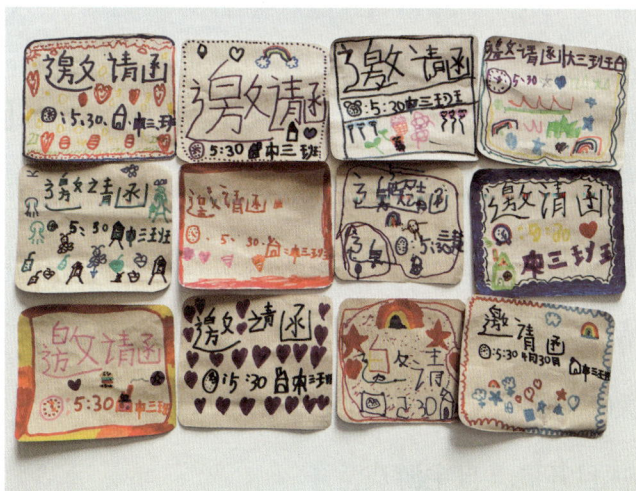

活动目的：

结合中班幼儿的年龄特点，教师从数学思维、趣味识字、八大能力、生活习惯、人际交往、情绪情感等方面向家长进行介绍，让家长全方位了解中班现阶段项目式游戏活动的开展和幼小衔接工作的相关内容，以及升入大班后幼儿园在教育教学、各项活动等方面的整体安排和教育模式，帮助家长树立正确的育儿观念，形成家园合力的模式，促进孩子科学、健康、快乐发展。

活动内容：

中班是幼儿三年学前教育中承上启下的阶段，也是幼儿身心发展的重要时期。教师从多个维度来和家长分享班级不同阶段的工作重点、开学以来幼儿的发展情况、一日生活流程、班级特色活动等方面，重点鼓励家长在家多为幼儿创造动手实践的机会，培养孩子的自理能力、阅读习惯等，并给家长们提供有效可行的方法和建议。

（一）成长有思，习惯先行

家长通过观看班级幼儿日常生活照片和视频了解幼儿在园的生活与学习，针对本班幼儿整理物品的能力存在一定差异，以"我的整理小故事"开展为期一个月的自我服务能力提升。教师将合理规划一日生活，为幼儿渗透文明习惯、情绪管理、自我保护、规则意识、任务意识、时间观念、社会交往等方面的培养内容。

（二）项目开展，自主游戏

根据幼儿在游戏中的需求，中班教师通过分析幼儿的行为表象、环境和材料对幼儿的隐形作用、材料的实用性、安全性和使用的多功能性等因素，通过观摩、反思、研讨，持续地做着相关调整，尝试打破区域界限，构建开放型的环境，一物多用、材料互通，通过为孩子提供大量的成品、半成品和辅助性材料让孩子在游戏中愿意玩、有的玩，为方便幼儿的自主取放，在每个区域附近设置了运输工具和"材料仓库"。教师还将室内外材料融会贯通，就地取材，充分利用园所中的自然材料，用竹子、树枝、花朵、树叶、果实等物品作为班本课程和园本游戏化课程的研究主题，开展相关的认知和丰富多彩的活动。比如，曾经开展"大树的秘密""柿子熟了""落叶""小种子变形记"等，为幼儿打造全方位的自主探索游戏环境，让幼儿在玩中学，在游戏中培养社会交往、语言表述、数的感知、空间方位、规则意识、感受美和表现美等多方面能力，真正将"以幼儿发展为本"的理念做好做实。

（三）科学衔接，赋能成长

教师围绕"幼小衔接"的问题，从身心准备、生活准备、社会交往能力、学习能力四大方面和家长介绍，做到有机结合和相互渗透，用形象的语言和真实的案例进行分析。在幼儿升入大班后，将会进行有针对性的分小组练习，让幼儿养成在规定时间内完成任务的好习惯，为助推幼儿顺利实现从幼儿园到小学的过渡，让家长建立正确的幼小衔接观念，家园形成合力，科学做好幼小衔接工作。

（四）暖心交流，同频共育

教师结合当前幼儿的现状需求，家长关心的孩子专注力培养的话题，通过互动游戏、代表发言、现场解读表征、小组论坛等多元形式，让家长参与，互动体验，并邀请家长一同设计自评表，帮助家长了解幼儿的发展需求，促进家长在家园共育中发挥更好的作用。

本次家长会不仅调动了家长参与幼儿园工作的热情，也让家长了解游戏在幼儿一日活动中的重要性，对中班幼儿的现有发展情况及我园的特色课程有了深入的了解。每一次家长会都是家园携手、理念共建的过程，是家长与教师共同为孩子成长出谋划策的过程；更是家园相互学习、相互影响的过程。大家携手播下爱的种子，期待日后枝繁叶茂，硕果累累。

（石家庄市第一幼儿园　逯娜）

第二节　家委会

如何组织开展家委会工作

视频二维码

家委会，即家长委员会，是疏通家园沟通合作的桥梁和纽带，成立家长委员会有利于幼儿园吸纳更多更好的家长建议，使幼儿园更好地开展各项工作。家长委员会的一切决策活动都紧密围绕幼儿园的办园目标，以有利于幼儿教育和发展为基本准则。促进幼儿园与家庭、社会的紧密联系，及时改进与完善幼儿园的各项工作，协调家庭教育与幼儿园教育的和谐发展，形成幼儿园、家庭、社会三位一体的幼儿园整体教育体系。

一、选举家委会成员

为了充分发挥家长在学校发展和幼儿教育中的作用，促进幼儿园和家长之间的沟通合作，特成立家委会。

依据《幼儿园家委会章程》要求，幼儿园应每学年进行一次家委会成员的选举活动，代表不少于 5 人，不超过 15 人。

1.家委会成员的选举方式

根据本班情况，家委会成员可由教师推荐和家长自荐相结合的方式进行，各班选举主任 1 名，副主任 1 名，委员 5 名。

2. 家委会成员应具备的条件

（1）有正面积极向上的心态，重视家庭教育。

（2）有业余时间，能积极配合班级开展各项工作。

（3）有一定的组织、管理及协调能力。

（4）有责任心，有为孩子、家长、幼儿园热心服务的奉献精神。

二、家委会成员职责分工

家委会成员既要负责采买班级所需物品又要做好学校与家长沟通的桥梁，比如一方面负责对食堂饭菜的口味作出评价；另一方面负责向其他家长传达幼儿园某些工作精神或对班级活动做宣传等。工作内容繁琐而又具体，所以人员分配和工作内容的安排至关重要。

根据幼儿园家委会章程结合每位成员的特点和专长，大家讨论后拟定了人员的分工，职责如下表所示：

分工	姓名	电话	职责及工作内容
主任	××家长	***********	参加园级家委会，主持全面工作
副主任	××家长	***********	负责与老师沟通及各委员之间的协调
宣传组	××家长	***********	负责传达及督促家长完成线上工作
采购组	××家长	***********	负责采买班级所需物品，收支管理
摄影组	××家长	***********	负责班级活动照片的拍摄、整理和发布
后勤安全组	××家长	***********	负责班级活动的安全及后勤事务的安排

以上为日常工作的分工，如遇大型园级或班级活动，职责及分工会根据实际情况酌情调整。

三、充分发挥家委会主动性

家庭是孩子的第一个课堂，父母是孩子的第一任老师。作为家委会一员，要给其他家长当榜样、做表率，重视家庭教育工作，勤学新的教育思想、科学的教育方法和手段，推行新的教育观念，尊重孩子，营造宽松、平等的教育氛围。

作为家委会的成员肩上扛着重任，承担着与幼儿园知识共建、与教师精神共勉、与孩子生命共生的责任，所以要切实履行好家委会的责任，做老师的帮手，做幼儿园的后盾，共同为孩子们营造良好的成长环境。

四、肯定家委会所做的工作

工作认真负责的家委会可以帮助教师解决班级活动和家长群管理等多项工作内容，所以及时肯定家委会的工作和付出就尤为重要。当家委成员忙前忙后工作时，教师可将其照片发至家长群并给予表扬，这样的照片反馈能让其他家长感受到他们为孩子们付出了大爱；也可以适当地多与家委会成员沟通其孩子在园情况，这样他们也会乐于承担家委会的工作。

通过班级家委会的成立，促进了家长和家长、家长和老师的交流和了解；增进家长和孩子、孩子与孩子之间的感情和友谊；家长参与班级管理工作的意识；调动了家长的积极性，充分体现了家长的参与权、知情权、发言权和评价权；拓展了家庭教育的指导阵地，

扩大了教育信息的收集范围和信息量，肯定了家长的素质和教育指
导能力，使家长的工作在幼儿园教育教学活动中更具实效性和可持
续性。

（石家庄市桥西区瑞特幼儿园　郄鹏瑜）

家委会方案
——亲子植树活动

　　家庭是幼儿园的重要合作伙伴，应本着尊重、平等、合作的原则，争取家长的理解、支持和主动参与，并积极支持、帮助家长提高教育能力。家长委员会是幼儿园家长工作的重要组织形式，是家庭教育取得成功的重要保障，是幼儿园、家庭联系的桥梁和纽带。建立家长委员会，对发挥家长作用、促进家校合力优化育人环境、建设现代化学校制度，具有重要意义。

▶ 活动背景

　　《评估指南》提出：家长有机会体验幼儿园的生活，参与幼儿园管理，引导家长理解教师工作对幼儿成长的价值，尊重教师的专业性，积极参与并支持幼儿园的工作，成为幼儿园的合作伙伴。我园一年一度的植树节如约而至，它的到来不仅意味着万物即将复苏，更饱含了人类对大自然的敬畏之意。我们以此为教育契机，开展绿色在我心——亲子植树活动。促进幼儿园与家长之间的双向互动，搭建好家园共育的平台，提高家长参与幼儿园活动的积极性，充分发挥家委会的重要作用，推动幼儿园工作的全面发展。

▶ 活动目标

1. 在种植活动中体验保护自然和观察记录的乐趣，感受生命的意义，获得更多亲近春天的快乐体验。

2. 通过亲子植树活动，丰富幼儿园教学内容，为孩子提供更为广阔的学习环境和学习视野。

3. 增进家园间的联系，增加家长对幼儿园工作的参加性。

活动时间：2024年3月12日。

活动地点：幼儿园。

▶ 活动准备

植树节 PPT、水桶、喷壶、铲子、彩纸、水彩笔（油画棒）、彩绳。

▶ 活动实施

（一）家长小课堂

家委会成员走进课堂，向幼儿介绍植树节来历以及种植方法，引导幼儿设计种植计划。

（二）播种希望

家长带领小朋友分组进行植树活动，家长帮助孩子们一起亲手栽种小树苗，让幼儿主动参与到种植劳动中，亲身感受种植的意义和乐趣。活动开始前，每个家庭都领取了一份种植的工具和材料，一起来到了幼儿园的种植区，小朋友们都跃跃欲试，迫不及待地打开了工具包将工具和材料取出，并在老师和爸爸妈妈的指导下按照步骤开始了种植：首先在挖洞前先给土壤浇水，挖一个比根球大的孔，将根球放入挖好的树洞，用原土填入栽植穴，轻轻夯实，最后在树的根部浇透水。

（三）"浇"朋友

在种树的过程中，每组家庭认领一棵小树苗。在爸爸妈妈的协助下，努力地挖坑，给小树苗覆土、浇水。最后，每个小朋友在自己的小树苗上挂上了写有自己名字的植树心愿牌，期待自己的树苗能和自己一起茁壮成长。

（四）环保小卫士

保护大自然，爱护树木，从我做起。小朋友和家长一起动手制作爱绿护绿标语牌，向大家发出"保护环境，人人有责"的倡议。每一棵树都有生命，每一片绿叶都值得珍爱。小朋友和家长们将自己亲手制作的标语牌挂到幼儿园里的绿植上，把美好的祝愿送给每一棵绿植，告诉大家要爱护环境，保护花草树木。

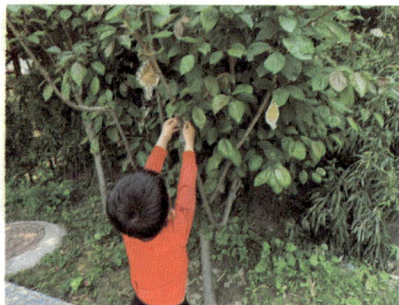

▶ 教师思考

本次植树节系列活动中，小朋友们用行动为环境添绿，用情感与自然交流。懂得了植树、爱护小树苗的意义，增强了小朋友们热爱自然、保护环境的意识。教育来源于生活，通过本次植树节活动，建立保护环境的责任感，增进了亲子间的关系，促进了家园共育，让孩子和家长们对植树节有了更深刻的认识，感受到种植的快乐和万物强大的生命力，爱护自然的意识在孩子心中生根发芽。种下一个梦想，在春天里成长！将爱传递给热爱大自然的每一个人，共同做绿色家园的守护者。

（石家庄市桥西区瑞特幼儿园　魏薇）

微信扫码

AI 教学助手
内容图谱
知识图卡
保育笔记

第三节　家访

家访的实施

《评估指南》中指出：教师要及时与家长分享幼儿的成长和进步，了解幼儿在家庭中的表现，认真倾听家长的意见建议。

一、家访的实施

家访，让幼儿园和家长达成共鸣，形成教育合力；家访，可以让家长了解科学家教方法；家访，促进幼儿发展，助力幼儿身心健康成长。结合中班幼儿年龄特点，教师在家访前对幼儿的情况进行全面分析，制定家访方案。

（一）家访方案制定

（1）制订班级家访计划，包括家访内容、注意事项等。

（2）结合本班情况分析，如看护情况分类、幼儿在家习惯、在园表现制定。

（3）明确家访目的，进行分工，比如时间安排、路线设计、拍照人员、记录人员、主负责任人、所需物品等。

（4）制定家访记录表。

家访记录表

幼儿姓名		性别		出生年月		家访时间	
家庭住址				联系人及电话			
目的							
家访过程							
效果/措施							

（5）注意事项：①患传染病幼儿进行视频家访。②物品准备：口罩、鞋套、手部消毒液、家访记录表、家庭教育宣传法宣传单。

（二）实施过程

（1）事先预约，根据时间安排路线并与家长确定具体家访时间。

（2）制定家访活动安排表。

幼儿姓名	幼儿居住地址	预约时间

（三）家访

了解幼儿成长环境以及在家情况，向家长介绍幼儿在园情况，为家长答疑解惑，讲解家庭教育法。

家访案例：

1. 幼儿在园表现

教育活动时，二宝基本没有看老师，有时还会钻到桌子底下，自顾自地玩耍。午睡的时候，也总是光着小屁股在别人的床底下玩耍，嘴里甚至会说出一些不文明的词语。

2. 幼儿情况了解

通过此次家访我们首先了解到二宝是家里的第二个孩子，在上幼儿园之前都是和姥姥一起生活，上幼儿园后才和爸爸妈妈、爷爷、哥哥一起生活。此外，二宝在家就有裸睡的习惯。还有，二宝的哥哥比较喜欢打游戏，在游戏中会说出不文明的词语。

3. 解决措施

（1）基于幼儿行为分析开展家园共育

经过这次家访，我们与二宝家长分享宝贝在园表现后，共同讨论了二宝的行为以及家庭教育的含义。二宝妈妈也希望通过家园共育的方式，促进宝贝更好地成长。我们建议家长从幼儿的规则意识开始入手。中班是幼儿树立规则意识的关键时期，我们向家长介绍了幼儿园的一些规则，建议幼儿在家能够和在幼儿园的常规做到一致。避免幼儿出现规则的混淆。

（2）转变家长教育观念，科学进行家庭教育

我们与家长分享《爱孩子和立规矩，从来不是一道单选题》，帮助家长转变教育观念。之前由于爸爸妈妈工作比较忙，爷爷不仅要

种地还要照顾哥哥，不得已才将二宝送去姥姥那边。宝贝回到这边后，出于对二宝的愧疚，对二宝也比较溺爱。虽然觉得二宝有些时候比较淘气，但是并没有觉得有什么问题。在分享这篇文章后，二宝妈妈也下定决心，帮助二宝树立良好的规则意识。

（3）家园同步

二宝本身比较胖，容易出汗，所以在家睡觉时会把衣服都脱光，这在一定程度上造就宝贝认为在幼儿园也可以裸睡的想法。对于裸睡的习惯，建议幼儿在家也尽量穿着内裤、背心睡觉，帮助幼儿建立良好的睡眠习惯。二宝家长也表示愿意配合，将幼儿园的常规与家里的规矩进行合并，做到在家和在幼儿园同步。

（4）运用奖励法、表扬法等方法正面引导幼儿

在教育活动中，当他不看老师的时候，老师会用语言提醒，当他又走神专注于自己的小世界的时候，老师会走到他面前，轻轻地拍拍他的肩膀，用鼓励的眼神看着他，当他坐好后，老师就会及时表扬他。

（5）为幼儿树立良好的榜样

二宝的哥哥沉溺于游戏，二宝在旁边也就被无形地影响了。我们建议二宝的哥哥尽量避免在二宝在的时候打游戏，二宝嘴里说出不文明的词语时，成人要及时引导幼儿，告诉幼儿这个词语是不好的词语，以后不可以再讲，帮助幼儿树立讲文明，说文明词语的好

习惯。成人也要为幼儿树立榜样，在说话的时候，也要避免说出一些不文明的词语。

二、家访小结

通过此次家访，教师体会到了与家长线上沟通所不能达到的效果。面对面的谈话，更能够清晰地感受到家长的想法，家长们也不再会有什么误会和责怨，幼儿园的工作可以更加得心应手，沟通的感觉和效果真是不一样。

对于一些"特殊幼儿"，教师也可以从他们的闪光点入手，从他们的点滴进步入手，一分为二地来分析原因，用优点克服缺点，在轻松融洽的氛围中提高孩子的能力，共同商量、探讨，寻找合适的解决方法。让家长感受到教师对孩子的关注，对家长的尊重与理解。从而拉近了彼此之间的关系。

家访，是教师了解幼儿成长环境和在家表现的重要途径，同时是幼儿家长了解幼儿在园情况的一种方法。在家访过程中，教师与幼儿家长相互了解情况，交流各方面信息，沟通感情，一起在教育幼儿的内容和方法等方面达成一致意见。作为教师，我们要积极指导家长，多沟通，勤交流，相互学习，相互信任，相互合作，结成一个教育同盟，这样，我们的教育会收获更大的成功。

（北京市大兴区榆垡镇第一中心幼儿园　夏凡）

新生入园家访记录

▶ 活动背景

家园合作理念是新时代对教育教学提出的基本要求。幼儿园作为育人主阵地，教师作为第一负责人，需要肩负起和谐家园合作的重任。作为一名幼儿教师，更是肩负着培养幼儿、教育幼儿的重任。基于此，进行家访，引导家长重视小班幼儿入园适应问题，才能真正意义上为小班新生提供情感支持和保障，让幼儿在家长的陪伴和支持下，茁壮成长，拥抱幼儿园新生活。故此，我们开展了本次"新生入园家访"的家园互动活动，从真正意义上为幼儿的发展聚力赋能。

▶ 活动实施

（一）教师导入

"回忆"点滴：

进行家访，与家长进行交谈，引导家长回忆之前进入幼儿园、小学时候的经历，回想一下刚进入一个新环境的感受。所有的家长都可以畅所欲言、自由表达，分享自己的经历和看法。

家长1：我小时候直接从小学读起的，那个时候，我们一起玩耍的同伴比较多，所以在面对新环境的时候，比较放松，可以很好地参与进去。

家长2：我还记得我读书那会儿，因为性格比较内向，所以和别的小朋友无法玩到一起，当时幸亏有教师的帮助，让我可以参与到学习中。

给家长讲述幼儿在园中的表现：

教师进行家访的时候，给家长讲述幼儿在园中可能会出现的表现，比如入园焦虑、恋物、哭闹、不吃饭等，让家长观看幼儿入园之后的行为，以此增进家长对幼儿基本情况的了解。当然，在这过程中，家长也可以和老师进行沟通，说明自己孩子的情况，进行深度、全面交流。同时教师向家长讲解幼儿入园焦虑的几种类型，以此为基础，让家长看到小班幼儿入园之后的基本表现，为接下来家长的干预、家园合作提供积极支持。

（二）让家长讲述孩子在家中的表现

观察幼儿：

家长追随孩子的情况，提前进行观察记录，在这个过程中，家长可以用手机拍摄，也可以用笔记记录，来看看孩子在家中以及社会中的表现。家长可以观察生活、社交、语言等各个方面的内容，但是需聚焦到自己孩子身上，对孩子的基本情况进行全面、系统地了解，从而为接下来的活动推进打下坚实基础。

陪伴幼儿：

教师引导家长和幼儿一起参与游戏，比如在绘画游戏中，幼儿说："我不会画，怎么办？"家长需要结合幼儿的反应，及时地进行引导，此外，家长也需要看到幼儿需求之后，给幼儿及时疏解，给出一些建议，让幼儿更加自信地进行绘画活动。

总而言之，在陪伴教育中，家长需结合幼儿的行为表现、需求问题等方面的情况，及时地引导幼儿，让幼儿安心地参与到集体活动中，这样有助于减少新入园幼儿的恐惧心理，助力幼儿的进步。

（三）做好科学育儿宣传

深入调研，跟进家访，了解每个幼儿的基本情况，在家访之前，教师要先与家长取得联系，征求家长同意，约定时间去幼儿的家里做访问，熟悉每一位幼儿的生活情况，同时有目的地给家长科普、宣传幼儿教育政策。引导家长关心幼儿的生活、身体情况，了解到幼儿的需求，着眼小事，聚焦点滴，从小事帮助幼儿，让幼儿感受到情感的支持，感受到自己是被关心的，被照顾的，以此减少幼儿边缘感的问题，让幼儿找到自我在社会中的位置。

寄语幼儿：

家长可以与幼儿进行沟通和交流，来给幼儿接下来的集体生活中写下希望和寄语。比如"希望你快快乐乐、健健康康参与到之后的集体活动中，多和同伴交流，开心过好每一天"。家长将寄语写完之后，需要粘贴在家里的墙壁，或者冰箱等位置上，做好记录，这样有助于为幼儿之后集体生活提供指引。当然，教师也要组织家长，将寄语读给幼儿，直接与幼儿进行交流，让幼儿看到家长的支持和期望，从而增进幼儿对幼儿园生活的情感。

▶ 教师思考

用心呵护，用爱浇灌，润物无声胜有声。在幼儿的培养中，需借助家园共育实践模式，夯实家访效果，引导家长参与到幼儿的教育中，真正意义上为幼儿创设良好的成长环境，给幼儿的成长撑起一片天空。基于此，要从实际情况出发，科学把握，全面部署，做好"爱"与"碍"之间的平衡，合理引导幼儿，促进幼儿进步，为幼儿的发展注入源源不断的活力和支持。

当然，本次家访活动中，始终把情感和态度作为家长观察最为前列的位置，处处渗透"尊重意愿，满足需要"，凸显"自主、自信"的主体精神。让家长充分认识到幼儿的情况，以此做到精准的、合理的干预和指导，逐渐帮助新入园幼儿缓解情绪上的焦虑、心理上的压力，促进幼儿快速适应幼儿园的生活。与此同时，在家长参与游戏中，要聚焦幼儿适应能力方面，切实地对幼儿进行有效干预，让幼儿安心、放心地参与幼儿园活动。

××幼儿园新生入园适应反馈表

您好！我园于××××年开始开展新生入园情况调查表。围绕生活中"盥洗""进餐""如厕""喝水""睡眠"这五个关键词，开展本次调查，希望可以增进对幼儿情况的全面把握，以此为幼儿之后活动的参与提供积极支持。

幼儿生活能力工具量表

项目内容	评价标准（优等参照标准）	评价等级			评分	分项得分
		优	良	一般		
盥洗	1.能够独立进行洗手，提醒下餐前便后洗手	2	1	0.5		
	2.保持衣服、地面整洁	2	1	0.5		
	3.不会出现浪费水、肥皂等不良行为	2	1	0.5		
	4.洗手后擦油	2	1	0.5		
进餐	1.可以使用餐具吃饭	2	1	0.5		
	2.吃东西的时候，不会大声说话、交头接耳、左顾右盼等	2	1	0.5		
	3.在进餐的过程中，不挑食，荤素搭配，细嚼慢咽地进餐	2	1	0.5		
	4.进餐结束之后，可以将餐具放到固定的位置	2	1	0.5		
	5.饭后会积极地进行清洁活动，保持卫生、干净的状态	2	1	0.5		
如厕	1.厕所能够保持整洁，在如厕结束后，及时冲水	2	1	0.5		
	2.不往便池内扔异物，不会在厕所内打闹、嬉戏	2	1	0.5		
	3.便后自己提裤子	2	1	0.5		
喝水	1.会使用口杯喝水	2	1	0.5		
	2.喜欢喝白开水	2	1	0.5		
睡眠	1.会穿脱衣服，衣服脱下后放在指定位置	4	2	1		
	2.有午睡习惯并独立入睡	4	2	1		

（北京市大兴区榆垡镇第一中心幼儿园　董雪莲）

第四节　家长约谈

家长约谈的实施

视频二维码

　　家长约谈是家园共育过程中促进幼儿园与家庭沟通交流的一种方式，发起人是教师，主要是通过教师有计划、有目的、有组织地针对孩子在一日生活中出现的成长困扰，预约家长交流、沟通，共同寻找促进幼儿健康发展有效策略的一种沟通方式。为了确保家长约谈的开展，需要做以下准备工作。

一、明确主题，围绕内容交谈

　　教师在"谈"之前要有目的、有准备、有计划地准备约谈内容，教师可以从以下几个方面进行准备：在一日生活中，每位教师都会观察孩子的"惊喜时刻"，教师将幼儿在一日生活中表现出来的学习行为、习惯、品质等运用照片、视频与文字相结合的形式记录下来，并对其进行个性化分析。在"惊喜时刻"记录中，教师可以根据片段记录，寻找出具有共性的、有利于孩子成长的相关因素，以此来确定与家长进行约谈的主题。同时，要对家长的学历、职业、家庭成员等进行了解。

　　例如，小班幼儿刚入园时，容易出现分离焦虑，教师可以将如何缓解分离焦虑确定为约谈的主题，提早与家长约谈。

二、预约人员

教师根据交流的主题和目的确定与幼儿家庭成员中的哪位或哪几位交流，并在预约时告知家长，以保证谈话的针对性和有效性。可以以"家长约谈邀请函"的方式告诉家长。

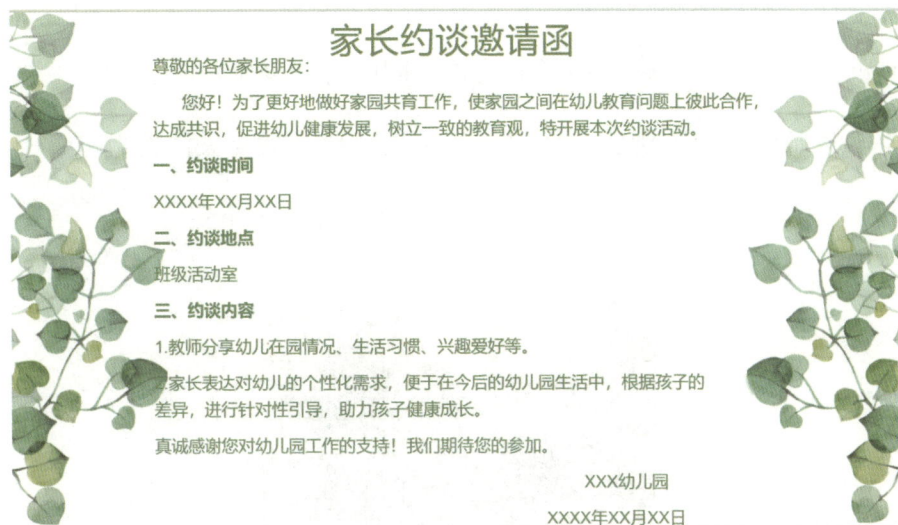

三、制订家长约谈计划单

为了更好地组织和管理约谈工作，可以制订家长约谈计划单。同时，该计划单也可以作为约谈活动的记录和参考，方便今后类似活动的开展。

家长约谈计划单

幼儿姓名		性别		约谈时间	
约谈理由					
约谈主题					
阶段目标					

四、叙述幼儿近期发展中的进步

在交谈中，通常教师简要、全面地汇报孩子这段时期在园里的表现，着重谈孩子的进步和优点，并提出需要注意和改进的地方。

在家长约谈过程中，对于孩子的闪光点，教师可以放在前面说，也可以和家长谈谈教师根据孩子好的行为表现制定了哪些帮助其保持的措施，让家长感受孩子的成长，同时感谢老师的良苦用心。接下来教师就需要客观、全面地向家长表达孩子需要关注的地方，引起家长的注意，在没有科学依据的情况下，不要妄下定论。

五、征询家长看法，教师不急于表达自己的观点

当家长在表达观点时，教师应认真倾听，换位思考，理解他们的想法与感受。可以通过反馈式倾听来确认自己的理解是否正确，例如，"我理解您的意思是……"这有助于建立信任和理解。当家长提出需要教师的支持或建议时，教师应避免过于绝对、武断地回答，而是要与家长共同探讨解决方案，例如："您觉得怎么样？""您有什么建议吗？"进一步了解家长的需求。

六、对家长在交流中反映的问题要进一步观察并给予反馈

与家长面对面约谈结束，并不意味着真正结束。与家长约谈后，教师不仅要对约谈过程进行记录与整理，还要对家长家教策略进行跟踪，并及时给予反馈与建议。整理记录的过程，不仅能帮教师厘清约谈中各个环节是否恰当，还能为以后的约谈方法与策略提供借鉴。为此，设置了家长约谈记录表，帮助教师做记录、反思，也为家长提供一个反馈的平台，更为追踪孩子发展提供有价值的记录。

×××幼儿园家长约谈记录表

班级			日期及时间		
地点			教师姓名		
幼儿姓名					
家长姓名					
约谈主题					
约谈过程性记录：					

家长意见或建议：	解决策略：

例如：幼儿分离焦虑家长约谈方案。

约谈主题：缓解幼儿分离焦虑。

约谈形式：选取班级内分离焦虑幼儿家长 5～6 名集体约谈。

约谈目的：帮助幼儿减轻分离焦虑，帮助家长消除种种顾虑，

明确幼儿入园应做好的准备等。

约谈前准备：

1.预约约谈时间，并发送邀请函。

2.填写家长约谈计划单，确定参与人员。

3.熟悉幼儿信息。

4.熟悉家长信息。

5.准备幼儿照片、视频等信息。

6.明确本班教师分工，做好接待工作。

约谈流程：

1.叙述幼儿近期发展中的进步和优点，进行交流。

2.帮助家长分析幼儿入园焦虑的原因。

3.倾听家长的意见。

4.根据家长意见制定解决策略。

5.约谈总结及反思。

6.教师填写家长约谈记录表，并对幼儿情况进行跟踪，及时向家长反馈。

（石家庄市桥西区瑞特幼儿园　姚倩男）

家长约谈内容
——如何培养3～4岁小班幼儿的自理能力

视频二维码

　　家长约谈是由班级教师根据孩子在园情况，围绕孩子的发展有计划地预约家长到幼儿园进行交流，约谈能最大化地满足家长的个性化需求，是家长工作中不可或缺的形式。

　　为深入贯彻落实《评估指南》精神，对于3～4岁的小班幼儿来说，自理能力是幼儿需要解决的首要问题。幼儿园通过家园共育的方式，形成教育合力，从而共同推进幼儿的全面发展。

一、预约交流前的准备工作

（一）确定主题

　　在交流之前，教师可以先将话题确定，话题来源可以是孩子发展中突出的特点或存在的问题，也可以征询家长的需要。对于刚刚离开爸爸妈妈的照顾，来到大集体生活的3～4岁的小班幼儿来说，自理能力是幼儿需要解决的首要问题。因此，此案例就如何培养3～4岁小班幼儿自理能力进行详细阐述。

（二）观察

　　教师和家长有效沟通的基础是教师的专业性，这种专业性首先体现在教师对每一个孩子的细致观察，也体现在对每一位孩子的关注和理解，更体现在教师的建议推动了孩子发展水平的提高。教师通过观察 3～4 岁小班的幼儿，发现有些幼儿不会使用勺子或使用姿势不正确的现象，也有些幼儿不会提裤子，不会穿鞋，分不清鞋子的反正等。

（三）确定时间

教师与家长预约时，一般给予一个时间，让家长自选。双方都要注意相互配合的原则：遵守约定时间，尽量不要迟到，也不要随意改变时间。

（四）预约人员

一般情况，教师都是与幼儿的父母进行预约，但由于父母工作繁忙，有时会请爷爷奶奶或家里的其他人员来。但无论是谁，教师都应该在预约时与家长沟通好，以保证谈话的有效性。

二、预约交流的过程

（一）直接说明约谈主题，不要拐弯抹角

（二）交谈时教师注意说话方式，表达方式委婉但能说明问题

这时教师可以采用让家长看视频或语言描述的方法向家长讲述

幼儿在园的表现，接着向家长了解幼儿在家是否有同样的表现。

（三）先描述与幼儿相关事件，不要先下结论

先征询家长的看法，不急于表达自己的观点，在适宜的时间提出合理的意见和建议。教师要围绕"如何培养 3～4 岁小班幼儿自理能力"提出有效的策略：

策略一：更新观念，与时俱进。

有的孩子动作慢，吃饭时吃得到处都是，还不如喂着吃省事；有的孩子要自己洗手，结果没洗干净，还弄湿了衣服，家长后悔没帮他洗；有的孩子要自己穿衣服，结果衣服穿反了，还要重新穿，耽误了时间，所以许多家长认为与其让孩子做，不如自己做，不仅可以节省时间，还可以减少麻烦。所以孩子在家中一切需要自己动手的事几乎全由大人包办，养成了严重的依赖心理。所以在家中家长要大胆放手，给予孩子自理的机会，让他勇于尝试，不断探索，慢慢提升。

策略二：将自理能力的培养寓于游戏之中。

爱游戏是孩子的天性，游戏是孩子幸福的源泉，家长抓住这一特征，可以向幼儿说一些有趣的儿歌、做一些有趣的游戏鼓励幼儿自己动手，家长要大胆让孩子自己操作，以积极的语言肯定幼儿点点滴滴的进步，促进幼儿在原有水平上有所提高。

策略三：父母要有足够的耐心教导幼儿。

幼儿学习一项新的技能并不是易事，家长要有足够的耐心，带领幼儿重复练习，当幼儿有一点点进步时，家长要给予积极的肯定来增强幼儿的信心。

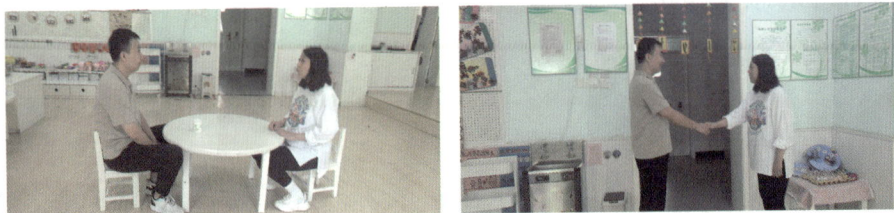

（四）询问家长需求，希望教师如何帮助幼儿，实现心与心的交流

▶ **教师反思**

预约交流后，教师一定要去观察、反思家长们的教育行为有无改进或调整，孩子在自理方面是否有所提高，教师的哪些方法产生了作用，哪些方法是无效的。教师对家长在交流中反映的问题要进一步观察并给予反馈。

（石家庄市桥西区瑞特幼儿园　彭彩云）

第五节　家长助教

视频二维码

家长助教活动前的准备工作

　　家长是幼儿教师的重要合作伙伴，应本着尊重、平等的原则，吸引家长主动参与幼儿园的教育工作。家长助教活动以其特有的方式走进课堂，充分了解幼儿的一日生活，了解老师的教育理念和教学方式，共同达成"家园共育"的教学模式。如，让从事警察、消防、铁路、医生、厨师等职业的家长，走进教室带孩子进行一系列有趣的活动。通过活动，增进家长、教师、孩子之间的情感，使家园合作更紧密。为确保家长助教活动的顺利开展，我们需要做以下准备工作。

一、挖掘家长的教育资源，选择合适的教学内容

　　只有充分了解家长的专业、技能和兴趣爱好才能使助教发挥最大的效果。教师可利用多种渠道，如家长会、家长约谈、家委会等建立家长资源库。根据儿童的年龄特点以及兴趣爱好有针对性地设计家长助教活动。

二、根据教学计划，合理制定家长助教方案

　　家长中有来自各行各业的专业人才，如警察、医生等，他们身上蕴含着丰富的教育资源。丰富的教育活动内容可以满足幼儿个性化发展的需要，新颖的教学方式可以满足幼儿的好奇心和求知欲，也可以调动孩子学习的热情，从而培养幼儿的学习兴趣，让幼儿在全面发展的基础上更富有个性地发展。

　　幼儿园女性教师居多，爸爸们的参与，给课堂带来了不一样的精彩体验，培养幼儿乐观、顽强、不怕困难的意志品质。

　　例如："保护口腔健康，享受快乐童年"家长助教活动方案。

　　活动名称：保护口腔健康，享受快乐童年。

　　活动形式：集体教学活动、情景体验、师幼互动等。

　　活动目的：

　　1.邀请具有牙科专业知识的家长走进课堂，为幼儿普及口腔健康知识，教授正确的刷牙方法和护牙习惯。

　　2.加强家校合作，共同促进孩子们的健康成长。

活动时间：××××年××月××日××点××分。

活动地点：多功能教室。

参加人员：大班组全体幼儿。

活动流程：

1.谜语导入，了解牙齿作用。

2.观察牙齿，发现认识问题。

3.参与游戏，指导保护牙齿。

4.实际操作，学习刷牙方法。

活动结束后，师幼分享心得并邀请牙医和全体幼儿拍照留念。

三、教师协助家长做好前期准备工作

在家长走进课堂前，教师和家长可以共同交流讨论，使助教活动安排得更加合理、有趣并有益于孩子的发展。

例如：

甜甜的妈妈是一名牙科医生，根据大班幼儿的年龄特点和大班幼儿正处于换牙期，我们建议内容主要讲换牙是怎么回事，以及换

牙时要注意些什么。建议以谜语导入，激起幼儿的学习兴趣，避免空洞说教，然后从专业的角度分析、讲解，知道换牙是正常的生理现象，让幼儿对于换牙不再害怕。最后，互动实操让幼儿珍惜并保护好自己的牙齿。整节课课堂气氛好，孩子学习的热情高，对如何保护牙齿有了更加深入的了解。

四、确保活动的安全性，避免意外发生

活动前，教师对幼儿强化规则、要求；提前检查活动场地，确保没有安全隐患；配备足够的教师和工作人员，方便照顾和监督幼儿。最后，教师应制定应对意外事件的紧急预案。

微信扫码

AI 教学助手
内容图谱
知识图卡
保育笔记

五、及时做好家长助教后反思和宣传工作

助教活动后，教师和家长本着相互尊重、平等、和谐的态度进行交流。一方面肯定家长的发光点，如课前准备充分，能用儿童化语言进行教学，积极地和幼儿互动。使家长感受到成功和受人尊重的体验。另一方面请家长说一说助教后的心得和发现的问题。

例如：

在一次《我是小乘客》家长助教活动结束后，家长们纷纷在群里表示感谢、支持与期待，感谢助教家长的辛苦付出。

教师把家长助教的照片以及助教以后的体会发到班级群，让更多的家长观看，了解家长助教和幼儿发展情况，同时对家长的教学以及幼儿的表现给予鼓励性评价，让其他家长能够受到鼓舞，吸引更多的家长参与助教，共同提高家园共育的质量。

（石家庄市桥西区瑞特幼儿园　李亚杰）

家长助教活动
——保护口腔健康，享受快乐童年

视频二维码

　　家长助教活动是家园工作的又一举措，运用家长经验座谈会、家长论坛、家长学校等多种形式，更新家长教育理念，增强教育合力。教师充分挖掘家长教育资源，邀请从事医生、教师、厨师、解放军等职业的家长走进教室，带领全体幼儿进行一系列有趣的教育活动。通过助教活动，增进家长、教师、幼儿之间的情感，增强家长对幼儿园工作的参与性，使家园合作更紧密。

▶ **活动背景**

　　口腔保健是儿童健康的重要组成部分，保持口腔卫生和健康习惯是预防口腔疾病和其他健康问题的关键。为了提高幼儿保护牙齿健康的认识，引导他们养成良好的卫生习惯，特邀请具有相关专业知识和经验的家长走进课堂，为幼儿普及口腔健康知识，从而预防口腔疾病的发生，家园合作共同促进幼儿健康成长。

▶ **活动实施**

　　（一）激趣导入，了解牙齿作用

　　"牙博士"以猜谜语的形式引出主题，"兄弟生来白又白，整整齐齐排两排。切菜磨米快又快，人人吃饭离不开"。通过猜谜语，引导幼儿发散思维，积极踊跃猜出谜底，使幼儿理解保护牙齿的重要性，一起带领幼儿学习牙齿知识。

出示图片，跟随着"牙博士"一起学习关于牙齿的知识。通过"什么时候会用到它""牙齿有什么作用"等一系列的问题展开提问，幼儿自由讨论，并请幼儿根据自己的想法进行回答，通过一问一答的方式，更加了解牙齿的相关知识。

（二）观察牙齿，发现龋齿问题

幼儿从操作盒里拿出镜子，观察自己的牙齿，然后两两相互观察。

"牙博士"启发幼儿根据已有生活经验，说说吃哪些食物容易使牙齿变黑，形成蛀牙。哪些食物能使牙齿坚固，强壮而又健康。

通过讨论，让幼儿了解糖果、甜饼干、巧克力、冰淇淋、蛋糕等含糖量高的食物，容易形成过多的酸，从而腐蚀牙齿；牛奶、鸡蛋、鱼、虾等食物含钙量高，多吃能强壮牙齿。

（三）参与游戏，指导保护牙齿

通过互动游戏的形式，幼儿之间比一比谁更会保护自己的牙齿，体验"我是一名小牙医"。观察课件里的视频进行分析、讨论"啃铅笔""咬核桃""吃糖"对牙齿的伤害，从而学会保护牙齿。

（四）边演边教，学会刷牙

"牙博士"出示牙齿模型，结合视频内容，播放动画《刷牙歌》，听音乐做律动，为幼儿示范讲解正确的刷牙顺序及方法。通过实际操作，让幼儿知道珍惜并保护好自己的牙齿，展现出最美丽的笑容！

▶ **教师思考**

　　本次活动选取于大班课程《保护牙齿》，目的是让幼儿初步认识牙齿的构造和功能，知道怎样正确保护牙齿，学习正确的刷牙方法及养成爱刷牙的好习惯。助教家长——"牙博士"在活动过程中将趣味性和教育性相结合，借助多媒体课件，利用动画这一幼儿最感兴趣的形式进行现场教学，给活动营造轻松的氛围的同时，运用动画课件让幼儿准确地领悟正确的刷牙方法，轻松地达到活动目标。通过活动前的准备和活动中的组织，增强了助教家长对幼儿身心发展特点的了解，同时促进了家园教育资源的互补。

（石家庄市第一幼儿园　李晓哲）

第六节　家长开放日活动

家长开放日活动前的准备工作

视频二维码

　　家长开放日是增强家园共育的有效途径。幼儿园可根据幼儿的年龄特征，抓住节日节气教育契机，开展多样化的开放日活动。如让家长观看上课、幼儿作品展览、游戏或进行半日参观活动，使家长有机会了解幼儿园的教育理念、教学环境、课程设置、师资力量等，更加全面地了解幼儿园的情况，同时提供了与家长交流互动的平台，提高家长对幼儿园的满意度。为了确保开放日顺利开展，需要做以下准备工作。

一、问卷调查，了解家长需求

　　只有针对家长关注的问题开展开放日活动，才能最大化地使家长积极参与活动。教师可以设计调查问卷、小型座谈会、日常接送环节的沟通等多种形式，了解不同年龄段家长的需求是什么、关注的问题以及困惑是什么，从而有针对性地设计家长开放日活动方案。

> **调查问卷**
>
> 1. 您希望家长开放日活动围绕哪个主题开展？
>
> 一日生活☐　自主游戏☐　区域游戏☐　集体教学☐　节日活
>
> 动☐　其他＿＿＿＿＿＿＿＿＿＿
>
> 2. 用什么样的形式开展？
>
> 观摩活动☐　亲身体验☐　亲子互动☐　其他＿＿＿＿＿＿＿＿
>
> 3. 什么时间开展？
>
> 学期初☐　学期中☐　学期末☐

二、统筹考虑，制定开放日方案

方案中需要确定开放日的主题、内容、时间、形式、流程、参加人员等，以确保活动顺利进行。在制定方案时，要充分考虑家长的情感需求、兴趣爱好、知识水平等，以及小中大各年龄段的活动目标、形式、内容、家长参与的方式，这样既能符合幼儿的年龄特点，又能让家长资源作用最大化，从而让他们能够充分参与和体验。

例如：户外自主游戏家长开放日活动方案。

活动主题：体验游戏，携手共育。

活动形式：教师分享游戏、观摩自主游戏、体验活动、分享感悟等。

活动目的：为了增强家长和幼儿的情感交流，让家长更多了解幼儿生活、游戏活动，从而实现良好的家园共育，增强亲子关系，激发幼儿和家长参与活动的兴趣和热情。

活动时间：××××年××月××日××点××分。

活动地点：各班级教室、操场。

参加人员：全体幼儿、幼儿父母。

活动流程：

8:40～8:50 家长入园签到（园内播放音乐）。

8:50～9:00 活动开场。

9:00～9:30 教师分享游戏化课程理念。

9:30～10:30 观摩自主游戏。

10:30～11:00 家长体验游戏。

11:00～11:30 分享游戏感悟。

11:30～12:30 游戏＋自助餐。

最后，本班师生家长合影留念。

三、发出邀请，给予充足准备时间

教师在确定家长开放日的时间和地点时，需要充分考虑幼儿园的实际情况和家长的实际需求，选择方便家长参与，方便幼儿园准备的地点和时间，保证时间不冲突。

在确定开放日的时间、地点和方案后，需要提前向家长发送邀请，内容应包括开放日的主题、时间、地点、内容、形式、活动流程、注意事项等，通过微信、美篇、海报等方式发送邀请，确保家长都能够及时知晓开放日的具体内容和安排，让家长们感受到重视与尊重，从而积极参与活动。

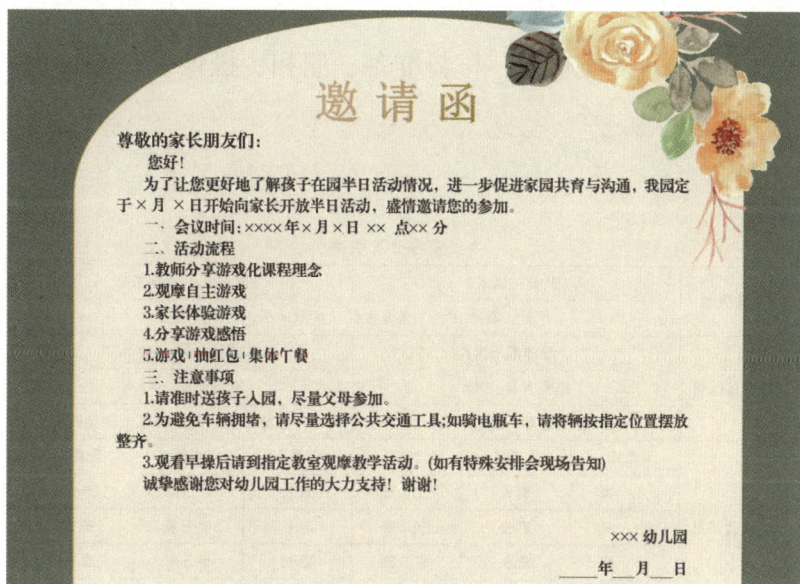

四、落实人员，安排各项活动准备

家长开放日活动的内容、目的、形式每次都有所不同，因此，对环境、场地的需要也不同，会场的安排要符合活动主题、家长和孩子的需求。并且会场布置、横幅和海报制作等都需要提前准备。因此，教师要在开放日前将各项准备工作提前落实到每一个人员，将每人每项需要完成的工作要求具体化。这样，有利于承担此项工作的人员按期保质地完成所负责的任务。

家长开放日活动主要有以下工作：确定并预约活动场地、横幅和海报的制作，会场布置、材料准备、照相、摄像、音响等材料和设备准备。

人员安排分工明细

活动策划	组长：园长			副组长：副园长		
	组员：教学主任　保育主任（负责采买、活动设置）					
场务保障组	会场布置：×××			摄影人员：×××		
	拍照人员：×××			音响设备：×××		
	现场协调：教学助理			安全指导员：后勤助理　保健医		
班级活动组	班级	负责人	班级	负责人	班级	负责人
	大一班	班长	大二班	班长	大三班	班长
	中一班	班长	中二班	班长	中三班	班长
	小一班	班长	小二班	班长	小三班	班长
	布置家长签到台、班级教室；准备活动材料；设计并制作区域牌等主题材料					

五、制定反馈表，提升活动质量

在活动开始前，教师需要提前设计家长反馈表，了解每一个家长与幼儿在活动中的收获及建议，从而有效改进幼儿园的教学管理工作。

1. 明确反馈表的目的和内容

在设计家长反馈表时，首先要明确表格的目的，即收集家长和幼儿在活动中的收获和建议，以便改进教学工作。内容方面，应涵盖以下几个方面：

家长和幼儿对活动的整体满意度。

家长和幼儿在活动中的具体收获。

家长对幼儿园教学管理工作的建议和意见。

家长和幼儿对下次活动的期待和建议。

2. 设计易于理解和填写的表格

为了让家长能够轻松填写反馈表，表格设计应简洁明了，易于理解。可以采用选择题和开放性问题相结合的方式，让家长既能够快速完成填写，又能充分表达自己的想法。

3. 强调反馈的保密性和匿名填写

在家长反馈表中，应明确说明收集的反馈信息将严格保密，并且家长可以选择匿名填写。这样可以消除家长的顾虑，使他们更愿意分享真实的想法和建议。

4. 及时整理和分析反馈信息

收集到家长反馈表后，教师应及时整理和分析其中的信息，找出教学中的优点和不足，以及家长和幼儿的期望和需求。根据这些信息，教师可以有针对性地改进教学管理工作，及时调整教学策略和方法，提高教学效果。

例如，户外自主游戏观察记录反馈表。

幼儿园：_____ 幼儿姓名：_____ 班级：_____	
尊敬的家长： 　　您好！希望您带着欣赏的眼光去观察、关注孩子们是如何开展游戏的，我们相信只要坚持做到不着急、不干预，会和我们所有的教师一样发出感叹：原来我们之前都低估了孩子的能力，他们在游戏中竟然如此能干！	
观察记录	
您孩子的游戏内容是什么？	您看到其他孩子的游戏内容是什么？
您在游戏中发现了您孩子哪些能干的表现？	您在游戏中发现了其他孩子哪些能干的表现？
请您留下宝贵的意见和建议	

幼儿园家长开放日是一项非常重要的活动，需要提前制订规划和方案，充分准备和安排，确保活动的顺利开展。同时，在开放日活动中也需要注意多方面的细节，做好安全管理和服务工作，引导家长了解幼儿园的园所文化和教育教学，提高他们对幼儿园的了解和信任。

（石家庄市桥西区瑞特幼儿园　潘晓娴）

视频二维码

家长开放日活动
——体验游戏，携手共育

随着教育改革的推进，家园共育不断深入，家长开放日的价值受到了广泛认可，已成为幼儿园开展家园合作共育的重要形式之一。幼儿园可根据幼儿的年龄特征，抓住节日教育契机，开展多样化的家长开放日活动，使家长逐步成为幼儿园活动的参与者、组织者和支持者，实现家园合作。

▶ 活动背景

为深入贯彻落实《评估指南》精神，推进游戏化课程的实施，让家长获取新的教育理念和教育信息，进一步理解游戏、认同游戏、支持游戏，做到家园共育。幼儿园通过开展自主游戏家长体验日活动，让家长零距离感受儿童自主游戏过程，一对一聆听孩子们的游戏故事。

▶ 活动实施

（一）教师分享

"忆"游戏

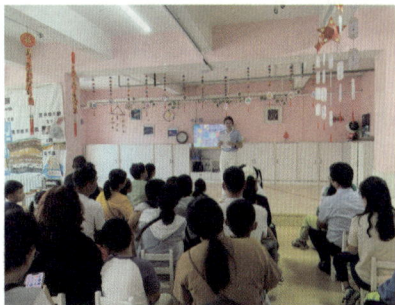

以回忆"我们的小时候"拉开序幕，老师向家长抛出问题：小时候最好玩的游戏是什么？为什么觉得这是最好玩的游戏？引发在座家长的共鸣，大家畅所欲言，追忆童年。

A. 我们小时比较自由，一块空旷的场地，和小伙伴们玩"追逃游戏"，常常会玩到"忘了回家"。

B. 小时候没有玩具，游戏很简单，一堆沙子、一盆水、几片叶子，就可以玩半天。

"看"游戏

教师向家长介绍游戏化课程的理念和特点，通过 PPT、视频、照片等形式，向家长展示幼儿在游戏中的状态、老师的定位、游戏表征和师幼一对一倾听记录。项目式游戏活动主题墙面的展示、游戏故事记录、幼儿发现并解决问题的层层递进过程，让家长真正了解园所开展游戏化课程的意义，从不同角度看到游戏背后隐藏的教育价值和学习契机。

（二）家长观看幼儿游戏

"观"游戏

家长们来到户外游戏场地，近距离观察游戏。拿起手机和观察记录表像老师一样，"睁大眼、竖起耳、管住手、管住嘴"感受着孩子在游戏中的一言一行，看到孩子们在自主游戏中快乐的笑脸、投入的表情、不怕困难的坚持和自然和谐的相处状态。

"听"游戏

游戏后，幼儿通过绘画的方式对游戏经历进行回顾、反思、表述。"今天我和丁丁玩游戏，用梯子、安吉桶……""今天我和天天玩插孔积木搭建游戏……"小朋友们绘声绘色地讲述着自己的游戏故事，家长们用心听、认真记，感悟着游戏带给孩子的快乐体验。

（三）家长体验游戏

"玩"游戏

家长们带着小时候的感觉来到户外，体验建构游戏，他们找伙伴、取材料、齐商量、共搭建……玩得不亦乐乎。在游戏场上，大家在沉浸式体验中充分感受到了自主游戏的精神魅力；在身临其境

中发现了游戏活动的价值与意义；在亲身参与中体会到了孩子在游戏中学习与发展的需求，家长们发自内心的笑、认真玩的样子，仿佛再次回到了童年。

"画"游戏

家长们拿起画笔将自己的游戏经历用绘画表征的方式记录下来。提笔之余，大家纷纷感叹：经常看孩子画画，有时还会挑刺，说这里不好，那里还不够丰富，可自己却不知如何下笔，这时才发现孩子们真了不起。

"话"游戏

在分享环节，家长们从玩了什么和谁一起玩的、怎么玩的、心情怎样等方面进行了精彩讲述，热情高涨地描述着"游戏"带给自己的快乐体验。

（四）活动效果

"悟"游戏

家长以观察者、体验者、倾听者、见证者的身份走进游戏，对自主游戏又有了更新、更全的认识，进一步理解了游戏对幼儿成长的重要意义，看到了孩子们合作和安全意识以及解决问题能力各方面的提高。

▶ **教师思考**

　　教师从"忆游戏"环节引发家长的共鸣，通过介绍幼儿感兴趣的问题点入手引发"游戏化课程缘起"，在"做项目"的过程中，幼儿的思考、体验、联想、合作、反思，以及认知和技能等能力方面的培养，多种途径让家长全面地了解、感受孩子的学习过程，吸引着家长在认同园所教育理念的基础上，积极探讨、热情交流；为帮助家长了解园所的教育策略，更新家长的教育观念，引导家长参与孩子游戏的完整过程，体验站在教师的角度进行观察、思考以及互动指导，并采用了幼儿学习时相同的环节和方法，让家长通过进入情境、动手操作、整体感受、肢体活动等多种途径，亲身经历幼儿的学习过程。

　　此次亲子活动，家长们对幼儿园的教育理念、老师的工作态度和专业性都有很高的评价，同时将自己宝贵的意见及建议记录在反馈表中，家园协同为自主游戏之路而努力。

××幼儿园"自主游戏"家长开放日活动反馈表

班级：　　幼儿姓名：　　时间：

尊敬的家长：

　　您好！我园于××××年开始开展自主游戏活动。围绕自主游戏中"爱""冒险""投入""喜悦""反思"这五个关键词，我们开展了各项富有挑战的游戏活动。希望您能配合我们完成此次的活动反馈表，帮助我们在下一个阶段更好地实施自主游戏，让孩子们在游戏中释放"野"性，玩出精彩。

1.您是孩子的 [单选]	□父亲　□母亲　□爷爷 □奶奶　□其他
2.您孩子所玩的游戏场地 [单选]	□涂鸦区　□综合区　□娃娃家□安吉建构区　□积木搭建区　□沙水区
3.您认为幼儿园自主游戏玩具的数量、种类配备符合幼儿的需求。[单选]	□完全符合　□比较符合 □一般
4.您的孩子在游戏中的表现 [多选]	□自信　□喜悦　□冒险 □投入　□爱思考
5.您看到孩子在游戏中有哪些能力的发展？[多选]	□社会交往　□语言发展 □动作发展　□解决问题能力
6.您的孩子在游戏过程中的专注度 [单选]	□专注　□比较专注 □一般
7.您对幼儿园开展自主游戏的态度 [单选]	□非常赞同　□比较赞同 □不太赞同　□一般
8.在自主游戏中，孩子可能会出现小的磕碰现象，您会理解并继续支持他玩吗？[单选]	□会　□不会　□不确定
9.当前，您对幼儿园开展户外自主游戏有哪些疑惑？	
10.观摩游戏后，您对幼儿园开展自主游戏的意见与建议有哪些？	

（石家庄市桥西区瑞特幼儿园　刘晓宁）

第七节　家园社区联动

家园社区联动前的准备工作

视频二维码

幼儿教育不仅是幼儿园的责任，更需要家长、社区乃至全社会的共同参与。《评估指南》中指出：幼儿园与家庭、社区密切合作，积极构建协同育人机制，充分利用自然、社会和文化资源，共同创设良好的育人环境。家园社区联动作为一种新型的教育模式，旨在加强幼儿园与家长、社区之间的沟通与合作，共同促进幼儿的健康全面成长。在这一过程中，准备工作至关重要，关系着联动活动的顺利开展，更影响到活动中教育的质量和效果。

一、思想定基，培养家长的参与意识和能力

在开展家园社区联动时，偶尔会遇到有疑虑的家长：

"老师，孩子们走出幼儿园到别的小区里，有点危险吧？"

"不参加行吗？"

幼儿园可以通过开展家长会、家长约谈等形式，向家长普及三方联动的教育理念和方法，加深家长的认识。还可以通过发放宣传

资料、家长微信群分享等方式，及时向家长传递二方联动的教育动态和幼儿成长情况，激发家长参与其中的积极性。

二、信任沟通，建立幼儿园与社区的互动平台

幼儿园与社区的互动合作应是长期且有效的，要尽早建立幼儿园与社区的联络互动平台，避免双方因沟通不及时、不深入，造成联动的不畅。幼儿园可以设立专门的联动工作小组，负责协调各方资源、制订活动计划、监督实施效果等，与社区建立有效及时的沟通渠道。

三、整合资源，扩大社区资源的利用

社区是幼儿教育的重要资源库，可以提供丰富的教育场所和活动资源。幼儿园可以邀请具有专业知识的家长或社区人士来园开设讲座或参与教育活动，也可以利用社区的文化设施、自然环境、商家企业等资源，开展丰富多彩的户外教学活动。

例如，组织幼儿参观银行、火车站等场所，参加社区举办的传统文化活动等。通过资源的共享与互补，形成教育合力，提升教育质量。

四、明确目标，制定联动实施方案

幼儿园要明确家园社区联动的目标，在此基础上，制定详细的实施方案，充分考虑社区资源、家长需求、幼儿发展水平，从活动的主题、时间、地点、参加对象、准备、人员分工、流程等方面落实，确保家园社区联动的可操作性和实效性，确保各方能够积极参与并取得实际效果。

例如，×××幼儿园携手××社区。

开展"九九重阳节，浓浓敬老情"传统文化教育活动方案。

活动主题："九九重阳节，浓浓敬老情"。

活动目标：

1. 了解重阳节的由来和习俗。

2. 能够与家人合作制作糖葫芦。

3. 感受敬老爱老的氛围，养成尊老爱老的习惯。

活动时间：××××年××月××日××点××分。

活动地点：××幼儿园操场。

参加对象：小区爷爷奶奶业主、××班全体幼儿及本班教师、幼儿爷爷奶奶姥姥姥爷。

活动准备：音响、话筒、音乐、横幅、制作糖葫芦厨具。

人员分工：

1.场务保障：会场布置×××；摄影×××；拍照×××；主持人×××……；现场协调×××；安全保障×××。

2.参与班级及负责人：大一班×××；大二班×××；大三班×××。

活动流程：

1. 主持开场。

2. 重阳节的由来及习俗。

3. 暖"心"送祝福。

4. 亲子制作糖葫芦。

5. 感悟重阳，绘本推荐。

老人、师生合影留念。

五、统筹安排，携手保障幼儿平安

联动过程中面临着路况复杂、人员众多等关乎幼儿安全的重大挑战。无论是"走出去"还是"请进来"，首先，要制定人员基础信息登记表，包括姓名、性别、年龄、联系方式、身份证号码、特殊需求等，以便有效管理参与活动的人员。其次，制订详细的安全计划，包括活动路线的规划和勘查、合理安排监护人员、准备必要的急救设备和人员，确保在发生意外或紧急情况时能够迅速有效地应对。

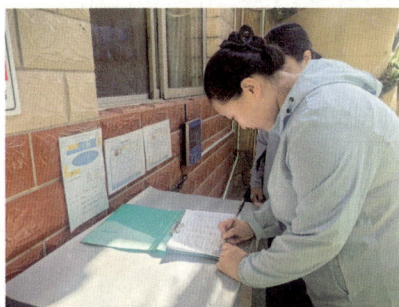

六、及时反馈，确保联动长效进行

家园社区联动不是一蹴而就的，需要建立评估和反馈机制，从居民、家长、幼儿三个群体了解活动中的收获及建议，保障园所对联动工作进行总结和反思，及时调整和优化实施方案。

××幼儿园家园社区联动活动反馈表（社区居民版）

亲爱的社区成员们：

　　您好！我们非常重视您对本次家园社区联动活动的看法和建议。请通过回答以下问题，分享您的反馈，让我们一起为了孩子的健康成长，共同打造更美好的家园社区！

您的姓名：＿＿＿＿＿　　所属社区：＿＿＿＿＿　　联系方式：＿＿＿＿＿

1.您参与的活动内容是什么？在其中参与度如何？

2.您认为活动内容有哪些丰富性和吸引力？

3.您认为本次联动活动的内容形式安排如何？您希望联动活动开展什么内容？

4.在本次活动中，给您留下深刻印象的一件事是什么？

5.您对本次活动有什么看法和建议？

××幼儿园家园社区联动活动反馈表（幼儿家长版）

活动名称					
班级		幼儿姓名		家长姓名	
画一画你在活动中最开心的事情吧					幼儿自述：
您喜欢这个活动吗？		☺ ☹			
您看到孩子在活动中的闪光点					
您认为本次联动活动的内容形式安排如何？您希望联动活动开展什么内容？					
对此次活动的看法和建议					

　　在家园社区联动前，充分的准备工作是确保活动顺利进行的关键。通过细致规划、资源共享和团队协作，我们携手努力，三方合力共促幼儿健康成长。

（石家庄市桥西区瑞特幼儿园　冯巾倬）

家园社区联动活动

——九九重阳节，浓浓敬老情

视频二维码

近年来，幼儿园家园社区共建在我国教育领域得到了广泛的重视和实践。家园社区共建是指幼儿园、家庭和社区之间的密切合作，共同育人、共同发展的一种教育理念和实践模式。在这种模式下，幼儿园、家庭和社区通过密切合作，共同为幼儿的成长和发展提供支持和服务，形成了良好的教育生态。

▶ **活动背景**

尊老敬老是中华民族的传统美德，《评估指南》中提到：要注重幼儿良好品德和行为习惯养成，培育幼儿爱父母长辈、爱老师同伴、爱集体、爱家乡、爱党爱国的情感。许多年轻父母整日忙于工作，平日里把照顾和教育孩子的重要大事全权托付给孩子的爷爷奶奶或者外公外婆，在重阳节到来之际，幼儿园及时抓住节日教育契机，开展多样化的家长开放日"九九重阳节，浓浓敬老情"主题活动，组织孩子们与自己的爷爷奶奶们一起联欢，用自己的方式表达对爷爷奶奶等老人的关心和爱护。

▶ **活动实施**

（一）忆重阳，学重阳

以问题"重阳节是谁的节日？"拉开序幕，重阳节可以做什么呢？请小朋友来分享重阳小知识：

1.阴历九月初九是我国的重阳节，重阳节是中国民间传统节日，重阳节又称重九节、晒秋节、老人节。

2."重阳节"这一日正逢秋高气爽，可以设计出游赏秋、登高远眺、观赏菊花、遍插茱萸、吃重阳糕、饮菊花酒等活动。

（二）幼儿表演，表达爱意

孩子们为爷爷奶奶、姥姥姥爷们准备了精彩的节目，别出心裁的用情景剧《我和奶奶》和手势舞《感恩的心》、诗朗诵《感谢诗》、歌曲等形式来表达自己对爷爷奶奶的祝福，把关怀与孝心融入表演中来。到场的爷爷奶奶、姥姥姥爷每个人都热泪盈眶。

（三）暖"心"送祝福

重阳节对长辈的祝福如何表达呢？特别的爱，给特别的你。孩子们带着对爷爷奶奶、姥姥姥爷满满的爱，动手制作爱心贺卡表达自己的心意和祝福。

（四）亲子制作糖葫芦

"山楂果红又重阳，海棠羞涩笑风霜。"幼儿园的山楂果成熟了，结合重阳节，特邀爷爷奶奶们开展了一场"重阳又见山楂红"的主题活动。与孩子们一起采摘山楂、欣赏园内金秋美景。让孩子们感受秋天丰收的乐趣，体验劳动的喜悦。

在孩子们与长辈们的默契配合下，一个个小红果，渐渐地满了筐，大家分工明确，有条不紊地清洗山楂、去除果核、穿果成串、熬制糖浆、裹满糖衣……

"真好吃！""这是我自己做的糖葫芦。""奶奶您快尝一尝！"

园里欢声笑语不断，大家感受着收获和分享的喜悦，这一刻也在孩子们、长辈们的心里留下甜蜜的味道。

▶ **教师思考**

　　本次主题活动圆满结束了，此次活动为孩子们从小形成良好的行为和品德修养奠定了基础，通过本次活动孩子们了解到关于重阳节的知识，使孩子们懂得了尊敬老人是中华民族的传统美德，懂得要爱自己身边的每一位老人，在孩子们幼小的心中埋下爱的种子，让他们从小学会感恩，体验幸福生活的快乐。

　　此次幼儿园家园社区联动，为孩子们构建了一个良好的教育生态环境，将幼儿的成长置于一个全面、多元的发展舞台上。家庭是幼儿的第一课堂，幼儿园是幼儿的第二课堂，社区是幼儿的第三课堂。将这三个课堂紧密联系起来，打破了传统的教育观念和壁垒，提高了教育资源的共享效率，实现了教育环境的优化和升级。

（石家庄市桥西区瑞特幼儿园　郭文娇）

第三章
家园共育教育策略

真诚沟通化解家长对教师的误会

视频二维码

当出现有家长对教师产生不满情绪时，教师要积极应对、换位思考，查找出现问题的原因并寻求解决的办法，争取家长的理解和配合，做好班级家园共育的工作。

▶ 情境一

晚上洗澡时，默默妈妈发现孩子手臂有一块淤青，在反复询问是否老师所为的过程中，孩子受到妈妈话语的影响点头默认。默默的妈妈很生气，找园长投诉老师，声称手臂上的瘀青是老师所致。

解决策略

1. 孩子在幼儿园出现了任何问题，无论大小，教师都要在第一时间和家长取得联系，确保家长能够及时了解情况。

2. 教师尝试与孩子深入沟通，帮助幼儿清晰、准确地回忆和描述事情的经过，与家长分析发生事情的真相，通过真诚的沟通去化解误会。

3. 教师应当保持冷静和理智，避免使用情绪化的语言，要尊重和理解家长担忧的不良情绪，通过与家长共情和日常中建立良好的沟通来化解家长的疑虑。

▶ **情境二**

　　嘉嘉在幼儿园意外受伤，嘉嘉妈妈："为什么我家孩子在幼儿园总是受伤？老师是怎么看护的？"

　　解决策略

　　1. 仔细检查幼儿伤势，安抚家长情绪，耐心倾听家长的担忧，同时，教师解释幼儿受伤的原因，详细描述事情发生的过程，与家长分析导致幼儿受伤的因素，并向家长说明将如何采取措施避免事情的发生。

　　2. 向家长致歉，并与家长讨论增强幼儿的自保能力以及自我安全意识的方法。

　　3. 做好自我反思，活动前进行安全排查，活动中时刻观察关注幼儿的情况。同时进行自保意识和安全意识的相关教育教学活动，增强幼儿的自保能力和安全意识。

▶ **情境三**

甜甜妈妈："老师，您今天发了那么多照片，为什么我们甜甜只有两张？而且还是侧脸，是不喜欢甜甜吗？"

解决策略

1. 首先教师表示歉意，让家长产生了这样的疑惑，并向家长解释孩子在活动中的情境，每张照片的拍摄都基于游戏进行中的状态，幼儿的侧脸更能体现当时孩子的专注。

2. 每位家长都想要看到自己孩子的照片，教师要理解家长，在活动中尽量关注到所有孩子的精彩瞬间。

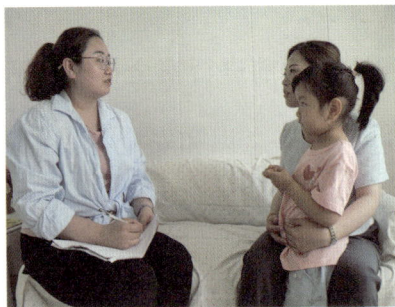

▶ **情境四**

默默妈妈："老师，我家孩子从来没有尿过裤子，为什么在幼儿园尿裤子，回家还跟我说，老师不让他上厕所。"

解决策略

1.向家长详细说明情况，表示教师经过专业培训，深知幼儿随时如厕的需求，不会拒绝孩子上厕所。

2.与家长一起分析孩子尿裤子的原因，可能是因为害羞、紧张等情况未能及时向教师表达需求，也可能玩耍的时候忘记了上厕所。教师应定时提醒幼儿如厕，并帮助幼儿养成自主如厕的良好习惯。

归纳提升

真诚沟通有助于维护与家长之间的信任，当家长对教师产生误会的时候，有效地交流与沟通，会使家长消除疑虑。

1.听需求，巧切入

对不同家长的需求心中有数。不同家长有不同的沟通重点：爷爷奶奶更关心孩子的生活、饮食；爸爸妈妈更关注孩子的学习、交往；体弱儿家长关心孩子的健康方面；内向的幼儿家长更关注孩子的交往。当我们的谈话能以家长最为关心的话为由主动出击，按需供给，很容易就能走进家长的心坎。

2. 多报喜，巧报忧

先肯定孩子的优点，然后点出不足。可以用描述性的语言向家长讲述幼儿在园里的生活趣事，并用具体的夸奖词语进行总结，最后加上老师的感受作为升华。当家长感受到教师对幼儿的喜爱和关注，同时留下教师工作细致认真、负责有爱的好印象时，从情感上就很容易沟通了。

3. 善倾听，诚接受

与家长沟通中，要给家长足够的时间来表达和提问。教师态度谦虚诚恳，专心倾听家长的意见，会让家长感到自己很受重视。

4. 常换位，乐出招

孩子在园出现意外状况时，大到磕碰伤，小到湿衣服、尿裤子，要及早主动与家长沟通。家长出现情绪波动时，要做到换位思考。多理解家长，真诚地为家长支招。

（石家庄市桥西区瑞特幼儿园　郭艳洁）

家园携手助力幼儿脱离恋物情结

幼儿的恋物习惯，不但会影响其正常生活及与同伴的交往，长此以往还会造成各方面的心理问题，不利于幼儿的健康成长。家园协同才能给足幼儿安全感，摆脱恋物情结。

▶ 情境一

入园已有一个多月的朵朵，每到午休时间就哭闹不停，原来是那条从出生时就陪伴着她的"小被子"被妈妈落在了家里，"小被子"带来后，朵朵走到哪里都要抱着它，虽然朵朵的焦虑情绪得到了缓解，但是被来回拖拽的被子很快就给她带来了许多麻烦，比如，时不时地要注意别掉到地上绊跟头的情况，吃饭的时候小被子才会离开一下，吃完饭后马上又得拿起来，任凭老师怎么哄朵朵，她就是不肯撒手。

解决策略

教师感受到孩子的焦虑与不安的心理状态，尝试着和她一起聊聊"依恋物"的相关话题和故事，比如绘本故事《天外飞毯》，以此来表达自己对孩子和其依恋物的喜欢和接纳；在初步建立起互相信任的关系后，不动声色地增加孩子使用新物品的频率，如用玩教具、游戏材料和有趣的各种活动吸引孩子的注意力，逐渐替换下她对小被子的依恋；还可以以小被子需要清洗了为由，邀请孩子一起加入清洗的"工作"中，缓解幼儿的入园焦虑，使她对物品的依恋逐渐减弱。

▶ 情境二

小班的陶陶是个聪明活泼、思维敏捷的小姑娘。活动时，她积极与老师互动，反应灵敏、表达清晰；游戏中，时时处处都能看到她和小伙伴们欢快和谐的身影。可是，无论在做着什么，她的臂弯里总是会抱着一只灰秃秃的小兔子，经了解，由于常年小兔不离手，已经变得灰头土脸。老师跟陶陶商量什么事情都可以很好地解决，唯独从小陪伴着她的小兔子是陶陶的"禁区"。

解决策略

在家长约谈中教师以此为探讨话题，邀请家长来支招，陶陶妈妈也详细讲解了孩子对布偶小兔离不开的原因：原来是从小跟着姥姥生活的陶陶，把对妈妈的依恋寄托在了妈妈送给她的"小兔子"身上，尽管妈妈又给她买了很多玩具，都不及小兔子在她心中的地位。得知原因，家长们各抒己见、群策群力，结合大家的建议，我们决定使用情境迁移法和依恋递减法的"两步走战略"。首先，在活动中邀请陶陶的"小兔子"参与其中，通过角色扮演，给小兔"找点事"来做，让陶陶看到小兔在用另一种形式陪伴着自己；接下来，建议每天陪着陶陶来园的小兔子可以适当地"休息一下"，从天天来，变成两天来一次并逐渐递减来园的次数，一段时间后，陶陶逐渐摆脱了每天陪伴她的"老朋友"，和依恋物彻底再见啦！

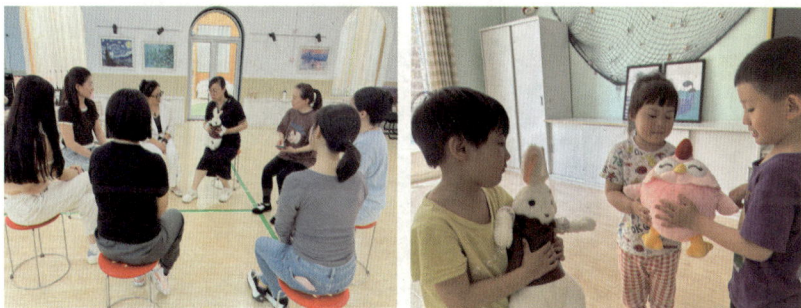

▶ **情境三**

转学过来的小游是个内向敏感的小男生，他说话轻声细语，跟小朋友们在一起时总是安静地交流、专注地玩耍，午休时也能很快入睡。但是，必须搂着自己的一只鞋子。老师多次与其交流无果，尝试在小游睡着后轻轻地拿出鞋，但每次都被他下意识地搂紧，不能成功拿出。

解决策略

来到新环境的小游虽然不吵不闹，没有表现出明显的焦虑不安现象，但是从他必须搂着鞋子入睡，折射出心理的不安和需要。教师首先对孩子抱着鞋入睡不要表现出惊讶和反感，可以尝试着用其他物品与鞋做替换，让孩子暂时摆脱之前固定的依赖物。日常，与孩子多交流、亲近，通过抱一抱、一起玩儿、讲睡前小故事等方式得到孩子的认同和喜爱，帮助孩子逐渐放松心态，在他还没有完全摆脱"鞋子"的依赖之前，可以跟孩子商量用干净透明的袋子包住鞋子再让他抱，做好卫生防护。

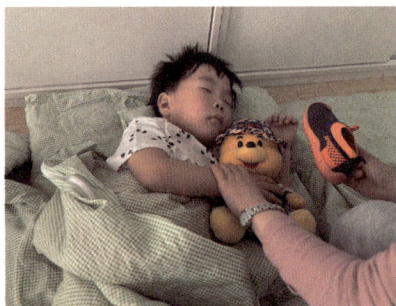

归纳提升

幼儿突然进入陌生的环境，以自己熟悉或喜欢的物品为依赖物，可以起到安慰和陪伴的作用，能够带来安全感。教师应关注不同幼儿的心理需求，根据其性格特点和行为表现找到适当的缓解方法和干预方式，通过家园合力，从生活、游戏、交流和轻松有趣的互动环节，帮助幼儿感受到精神方面的满足和情感的愉悦，继而逐渐摆脱依赖物，为幼儿建立安全的心理环境。

（石家庄市第一幼儿园　冯小丽）

用因人而异的方法与家长沟通

一个班级，几十个家长，学历、职业、对孩子学习的重视程度不一样，教师与家长的沟通要因人而异、因情而异、因时而异，运用不同的沟通策略。

▶ **情境一**

夏季蚊虫多，甜甜奶奶质疑幼儿园没有做好防蚊措施，应该如何解决？

解决策略

首先，教师向家长解释在夏季或者潮湿的季节，幼儿园有蚊子是比较常见的。其次，教师从关爱孩子的角度，解释已经及时为幼儿采取措施减少蚊子叮咬带来的不适感，例如，给叮咬处涂抹止痒药，用冷敷等方法。最后，还可以提醒家长为幼儿穿长衣长裤，涂防蚊液等。

▶ 情境二

天天妈妈："孩子每天晚上还需要再吃一顿晚餐，是不是在幼儿园没吃饱？"

解决策略

首先，教师向家长介绍幼儿园的食谱：幼儿园根据幼儿的年龄特点，精心烹调各种食品，做到色泽美观，膳食均衡，这样的食物能引起幼儿的食欲。

其次，寻找原因：

1. 因个人口味不同，幼儿园的饭菜可能会出现一些孩子不爱吃的食物。

2. 幼儿园晚餐时间早。

3. 孩子活动量大。

最后，教师向家长表示会多关注孩子在园的饮食情况。

▶ 情境三

幼儿的游戏离不开材料的支持，老师发布要收集材料的信息后，西西妈妈："怎么回收废旧材料，有什么用？""我家什么都没有，是每个人都必须带的吗？"

解决策略

1.运用照片或视频的形式在群内分享日常活动，让家长了解材料的用途，使家长和幼儿有成就感。

2.充分发挥家委会成员的带头作用。在班级群内发动家委会成员带动群内气氛。

3.根据需要采用不同的收集形式：小组或个人。

情境四

放学后，所有的孩子都被接回家了，成功的奶奶怒气冲冲地领着孩子来到教室，询问老师："老师，这是怎么回事儿？孩子衣服上怎么都是泥？幼儿园玩的游戏怎么这么脏？"

解决策略

1.保持冷静，耐心倾听家长的诉说，安抚家长情绪。

2.运用照片或视频的形式让家长了解幼儿园的活动，了解衣服弄脏的原因。

3.与家长共情，站在家长的立场换位思考，平等对话。

4.向家长分享清洗衣服的方法。

归纳提升

聚焦家长工作遇到的焦点问题与困惑，不同类型的家长采取不同的沟通策略。

1. 根据家长性别的不同，选择不同的沟通策略

在调查中，我们发现女性家长比男性家长更愿意主动和教师交流，而且也会耐心听取教师的意见。因此，女性家长与教师之间更容易沟通，也最易成为幼儿园工作强有力的支持者。而男性家长则更多的表现为：当孩子出现了急需解决的问题时，希望从教师那里获得方法或帮助。因此，教师可以用恰当的语言反馈，或者直接告诉他们明确的建议和可行性的方法。

2. 根据家长年龄不同，选择不同的沟通方式

在调查和观察中，我们发现祖辈家长，更关注幼儿的身体、饮食等生活方面的情况。父母更关注幼儿在园的学习、交往情况。所以，对于祖辈家长，教师要保持诚恳、尊重、亲切的态度反映幼儿在园的生活情况，还要用通俗易懂的语言，宣传幼儿全面发展的观念。教师和父母沟通要讲究谈话的策略性和艺术性，把谈话建立在客观、全面的基础上，既要言简意赅，让家长听得懂；同时能体现专业引领，让家长能直接从和老师的对话中了解自家孩子在幼儿园的成长情况。

3. 根据幼儿的年龄特点，选择不同的沟通策略

幼儿的年龄不同，家长的关注点也不同，沟通的侧重点和方式也不同。小班幼儿的家长主要关心生活琐事、在园情绪等；中班的家长基于小班的基础上，会根据幼儿的成长情况增加一些教育和习

惯方面的问题；大班家长更关注幼儿学习方面的事情，如学习习惯、掌握知识情况等。家园之间的谈话要把握关注的侧重点，以家长最为关心的话题为由主动出击，按需供给。

（石家庄市第一幼儿园　赵寒冰）

微信扫码
● AI 教学助手
● 内容图谱
● 知识图卡
● 保育笔记

家园携手为幼儿打造独立成长空间

在幼儿成长中，家庭和幼儿园扮演着举足轻重的角色。但成人和教师的过度保护往往限制了孩子的独立发展。为了培养孩子的独立性，我们需要重新审视成人的角色，创造更多机会让孩子自主探索和尝试。

▶ 情境一

小明是个四岁小男孩，每天早晨都会尝试自己穿衣服。但他的动作缓慢，有时衣服还会穿反。小明的妈妈，为怕麻烦不耽误送幼儿园，经常忍不住帮助他快速穿好。虽然节省了时间，但却剥夺了小明通过实践提升独立穿衣能力的机会。

▶ 情境二

小红 5 岁了，她对绘画充满热情，总是兴奋地拿起画笔，在纸上自由地涂鸦。在一次绘画活动中，其他孩子认为她的画看起来并没有那么"好"。面对他人的点评，小红显得有些沮丧。观察到小红的情绪变化，老师并没有直接指出她画作中的"不足"，更没有强迫她按照示范画来修改。而是鼓励小红继续按照自己的想象去绘画，去表达自己内心的世界。在老师的鼓励下，小红重新找回了绘画的乐趣，虽然她的画作看起来仍然不够"完美"，但每一幅画都充满了她的想象力和创意。

以上两个案例反映了成人在幼儿教育中的不同做法和对孩子成长的影响。在小明的案例中，成人的过度保护限制了他的实践机会，阻碍了他独立发展。在小红的案例中，成人的鼓励和支持则激发了她积极的兴趣。

案例揭示了成人在幼儿独立性培养中的重要性，成人的态度和行为影响着孩子的成长方式和速度。过度保护会让孩子失去实践的机会，而鼓励和支持则能激发孩子的潜力。

解决策略

为了有效培养孩子的独立性，我们可以采取一些具体、新颖的解决策略。

1. 创新实践平台

除了日常生活任务，家长和教师还可以为孩子设计一些模拟小社会活动的游戏，如"小小商店""儿童医院"等角色扮演游戏。在游戏中，孩子们可以自主选择角色，处理各种情境，从而培养他们的决策和管理技能。通过寓教于乐的方式，来锻炼孩子的独立性，提高他们的社会适应能力。

2. 启发式问题引导

当孩子面临困难时，家长和教师不应立即提供答案，而是通过提出启发式的问题来引导孩子自己思考。例如："你觉得这个问题应该怎么解决呢？"或"为什么你觉得这个方法会有效？"这样的问题可以激发孩子思考，帮助他们形成独立解决问题的能力。

3. 设定小目标，培养自我管理能力

与孩子一起设定可实现的小目标，如"今天自己收拾玩具"，"明天自己选衣服穿"等。每当孩子完成一个小目标，都给予他们适当的奖励和鼓励，帮助孩子建立起自我管理的能力，培养他们的独立性。

4. 利用科技工具辅助教育

现代科技为我们提供了丰富的教育资源和工具。家长和教师可以选择一些适合孩子的教育 APP 或在线课程，让孩子在自主学习中培养独立性。这些工具通常具有互动性和趣味性，能够吸引孩子的注意力，提高他们的兴趣。

5. 家园互动式沟通

家长和教师可以通过定期线上或线下的沟通方式，分享孩子在家庭和幼儿园的表现，共同探讨孩子在独立性培养上遇到的困难、取得的进步，不仅可以加强家园之间的合作，还能确保教育策略的一致性，为孩子创造一个更加和谐的成长环境。

6. 开展亲子共读活动

选择一些与独立性培养相关的绘本或故事书，与孩子一起阅读。在阅读过程中，家长可以引导孩子思考书中的情节和角色，让他们明白独立的重要性。亲子共读活动能增进家长与孩子之间的情感联系，为孩子提供更多的情感支持。

7.建立成长档案

为孩子建立一个成长档案，记录他们在成长过程中的点滴进步，包括孩子的作品、照片、视频等多种形式。通过回顾这些记录，孩子和家长都能更加清晰地看到孩子的成长轨迹，从而更加有信心地继续前行。

综上，培养孩子的独立性需要家园共同努力，为孩子打造一个充满爱与自由、支持与引导的成长环境，让他们在独立成长的道路上更加自信、坚定和勇敢。

归纳提升

培养孩子的独立性是一个长期且需要家园共同努力的过程。在实施这些策略的过程中，还需要注意以下几点：首先，要尊重孩子的个性和兴趣，避免强迫他们做不喜欢的事情；其次，要关注孩子的情感需求，给予他们足够的关爱和支持；最后，要持续监督和评估孩子的进步，及时调整教育策略。

通过这些努力，相信孩子们会在独立性和其他很多方面得到全面的发展，在未来的学习和生活中更加自信、独立和有担当，这不仅是家庭和幼儿园的责任，也是我们对孩子们最美好的期望。

（北京市大兴区榆垡镇第一中心幼儿园　张迎宾）

与祖辈家长沟通的小妙招

案例梗概：现如今，幼儿园出现越来越多的祖辈家长的身影，他们不仅承担着接送孩子的任务，也不可避免地介入到孩子的日常教育中，成为教师沟通交流的对象。祖辈家长有着与年轻家长不同的特点，问题如果处理不当，很可能就会引起家园矛盾。因此，教师在与祖辈家长沟通时尤其需要注意方式方法。

▶ 情境一

夏季蚊虫多，祖辈家长质疑老师没有做好防蚊措施，应该如何解决？

解决策略

首先教师向家长解释幼儿园里夏季蚊子较多比较常见，教师及时为幼儿采取措施在班级已经安装了纱窗防蚊，教室里也安放了电蚊香驱除蚊子。在户外活动的时候，幼儿可能还会被咬，建议家长可以给孩子穿长衣长裤，还可以给幼儿贴防蚊贴，佩戴防蚊手环或脚环，教师也会给孩子喷驱蚊花露水来防蚊子。

▶ **情境二**

幼儿在活动中不小心磕破皮，祖辈家长不理解怎么办？

解决策略

祖辈家长对幼儿一般都非常宠爱，看不得幼儿受伤。一般幼儿受伤的情况下，祖辈家长不理解。教师面对这样的情况，需要与祖辈家长进行一对一的交流和沟通，将幼儿不小心磕破皮的原因讲述清楚，然后要让祖辈家长知道，幼儿磕破皮之后，已经在第一时间消毒处理了，以此让祖辈家长放心，达到有效、深入沟通和交流，让祖辈家长将幼儿放心地交给幼儿园。

▶ **情境三**

祖辈家长担心孩子被其他小朋友欺负，怎么办？

解决策略

祖辈家长担心自己的孩子在幼儿园受欺负。基于此，教师需要借助家园共育，通过二步法来缓解：第一，缓解祖辈家长的担心情绪，告诉祖辈家长，在园区工作中，有老师们在全天候地关注幼儿的情况，最大化地防止幼儿之间出现打架、欺负等行为，以此消除祖辈家长的担心情绪。第二，充分利用信息技术和家长沟通，让祖辈家长及时了解幼儿在园区中的情况，分享幼儿日常活动，让祖辈家长通过动态化观察来了解幼儿在园区中的情况。第三，组织开展家长会，在家长会上，及时告知幼儿在园区中的情况，引导祖辈家长说出自己的育儿需求，达到双向交流和沟通的目的。

归纳提升

《3～6岁儿童学习与发展指南》中指出，家庭、幼儿园和社会应共同努力，为幼儿创设温暖、关爱、平等的家庭和集体生活氛围，建立良好的亲子关系、师生关系和同伴关系，让幼儿在积极健康的人际关系中获得安全感和信任感，发展自信和自尊，在良好的社会环境及文化的熏陶中学会遵守规则，形成基本的认同感和归属感。因此，教师需要主动与祖辈家长取得联系，主动热情地与家长交流，双方建立起彼此信任的桥梁。第一，在与祖辈家长的沟通中，教师要先生动描述出幼儿在幼儿园的某一环节里优异、可爱、有趣等表现，让祖辈家长从教师言谈中，感受到教师对孩子的关注、爱护，从而对其产生好印象。教师给家长讲述情况时，要面带微笑，情绪波动不要过大，否则会把这种坏情绪传染给祖辈家长，在交谈中，与家长产生共鸣，为家长提供解决办法，共同实施。第二，随着祖辈家长们的观念、见识、信息的增强，并因为家长陪伴孩子时间长，最为了解孩子，对孩子的成长产生了一定的影响，所以祖辈家长的一些看法、意见，教师要抱着信任的态度倾听家长的描述，结合实际情况，与家长进行沟通。

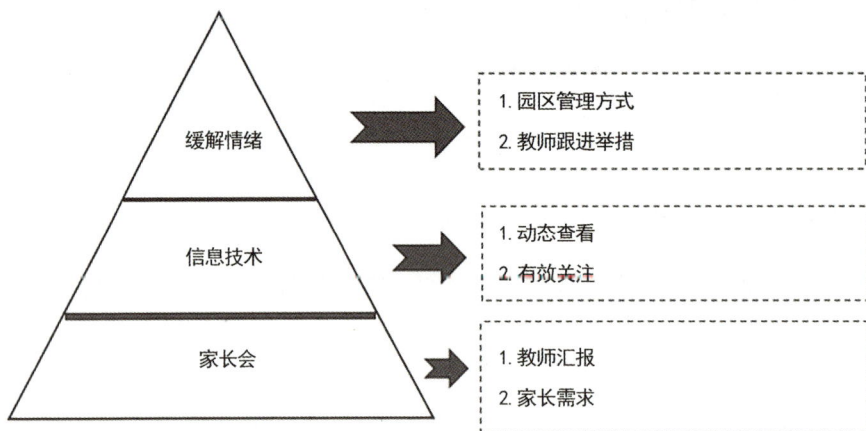

当然，在这过程中，教师还可以利用微信群、电话联系、家长约谈和祖辈家长沟通，将幼儿在园区中的表现及时告知他们，减少他们的担心。

（石家庄市桥西区瑞特幼儿园　杨会霞）

微信扫码
AI 教学助手
内容图谱
知识图卡
保育笔记

小班家长入园焦虑应对策略

视频二维码

小班幼儿进入幼儿园后，家长的焦虑会对孩子的入学情绪产生很大的影响，家长表现出的紧张、不舍、分离困难等状态很容易传递给孩子，造成幼儿缺乏安全感。

▶ **情境一**

早上入园时间，明明一边哭一边喊着："我要妈妈，我不要上幼儿园。"老师试图将明明抱过来，但是明明紧紧搂着妈妈的脖子，妈妈也紧紧抱着明明不愿意撒手，并且眼里泛着泪花……

解决策略

1.教师要理解并接纳家长的脆弱，劝导家长大大方方地和孩子说再见。

2.建议家长在没有特殊情况的时候，尽量保持幼儿每天正常入园。

3. 教师在幼儿进入班级情绪稳定后，可以根据一日生活安排给家长发一些孩子愉快游戏的照片和视频，以缓解家长的紧张情绪。

▶ 情境二

小班的莎莎总是说她在幼儿园门口看到了姥姥，老师顺着莎莎指的方向往门口看时又看不到任何人。当莎莎去和小朋友玩儿，不关注门口的时候，老师看到莎莎的姥姥正透过门上的窗户偷偷地看着她。

解决策略

1. 教师要理解和接纳家长的担心和焦虑，避免使用在门窗处增加遮挡物等措施杜绝家长看见孩子的机会。

2. 合理安排幼儿园家长开放日活动，满足家长了解孩子在幼儿园一日生活情况的需要。

3. 利用离园时间向家长介绍幼儿的一日生活情况。

4. 建议家长可以和有过类似经历的家长、朋友交流，学习他们的解决办法，也可以与老师多沟通交流。

5. 在将幼儿送到幼儿园后，建议家长可以安排一些其他活动转移自身的注意力。

▶ 情境三

小班离园时间到了，萌萌奶奶一接到萌萌就抛出一连串的问题："老师给你吃饱饭了吗？今天有人欺负你吗？"萌萌还没有回答，奶奶继续追问："幼儿园好不好？你明天还要来吗？"萌萌顺口回答："不来。"奶奶一路念叨着："幼儿园里有那么多小朋友，老师怎么可能管得好？老师肯定对我们萌萌不好。"

解决策略

1. 教师在离园等待时间，带领幼儿回忆一天中快乐的事情，帮助幼儿建立积极的入园心态。

2. 建议家长在接到幼儿后，向幼儿进行正面提问。例如：今天在幼儿园学到了什么新本领，认识了哪个新朋友，有什么开心的事情等。

3. 教师定期在班级群里分享幼儿的活动照片及视频，注意关注到每个孩子。

归纳提升

家长的焦虑程度因人而异，帮助家长了解自己的焦虑程度可以更好地采取针对性措施去缓解焦虑。

家长焦虑程度测试题。

请家长朋友根据自己的情况，如实对以下的命题做出判断。如回答"是"，该题则计为 1 分；如回答"否"，该题则计为 0 分。

1. 送孩子入园后总是不能尽快离开，总想偷偷地观察孩子和老师在做什么。

2. 感觉上班的时候，时间比原来过得慢。

3. 担心电话铃声响，有电话总以为是老师打来的。

4. 听别人说孩子的事立刻就想到了自己的孩子。

5. 担心老师可能不喜欢自己的孩子。

6. 孩子回家后，总是想办法让他吃很多食物。

7. 无条件地满足孩子的任何愿望。

8. 觉得孩子受委屈了。

9. 感觉自己的情绪不稳定，容易和别人吵架。

10. 睡眠质量下降。

若是得 8 ～ 10 分，其焦虑度为"高分离度焦虑"；若是得 4 ～ 7 分，其焦虑度为"中分离度焦虑"；若是得 0 ～ 3 分，其焦虑度为

"低分离度焦虑"。

给"高分离度焦虑"家长的建议。

1.指导家长进行调整，避免焦虑的情绪影响到家长和孩子的身心健康，避免对孩子顺利适应集体生活造成影响。

2.引导家长坦诚地和老师进行交流，将自己的顾虑告诉老师，与老师共同寻求解决的办法。

3.建议家长和其他孩子的家长多交流，学习其他家长度过这段焦虑期的方法。

给"中分离度焦虑"家长的建议。

1.引导家长对当前的状态应该重视并做出适度调整。

2.积极地与此类家长保持畅通的交流。

3.同时建议家长保持积极、乐观的心态，用积极的一面去影响孩子。

给"低分离度焦虑"家长的建议。

1.肯定家长理智且善于控制自己情绪的做法。

2.引导家长继续保持积极的心态向孩子传递正面情绪。

3.鼓励家长将自己的优秀经验传递给其他家长。

（石家庄市桥西区瑞特幼儿园 申琛）

依托育儿沙龙转变家长幼小衔接的教育观

活动背景

自理能力的提升对幼儿顺利进入小学学习有着重要的价值和作用，故此园区需从实际情况出发，始终以幼儿为本位和中心，打造共"童"衔接活动，促进幼儿成为自理小主人，逐步锻炼幼儿的独立自主和动手能力，促进幼儿积极参与到接下来小学学习、生活中。

小小书包，蕴含着大大的"文章"，书包整理得好不好，一定程度上体现着幼儿自理能力的高低。因此可以从"小书包"上着手，引导家长参与，达到"迎难而上，顺利过渡"，为幼儿自理能力、独立能力的提升和顺利进入小学聚力赋能。

活动实施

案例概要：现如今很多幼儿都是独生子女，家长往往会包办代替幼儿做诸多事情，这就导致幼儿逐渐养成了"衣来伸手，饭来张口"的问题。因此，引导家长重视幼儿良好习惯的培养，促进家长对幼儿整理习惯的重视是非常有必要的。

▶ 情境一："山重水复疑无路"——给家长展示问题

向家长展示幼儿在园区中不整理书包的视频、图片，促进家长对幼儿整理情况的把握。

问题一：教师缺少基本引导，幼儿整理参与性低。

在书包的整理中，幼儿面临的难题和困境是在来园后，不想参与到整理书包的活动中，也不知道如何去整理，往往将自己的书包丢在一旁"置之不理"，包内的物品"随意散落"。教师针对这种情况，指导的方式缺乏针对性，语言上的反复提醒不能解决根本问题，收效甚微。

问题二：家长缺乏认识，幼儿的良好习惯培养欠缺。

教师通过视频和图片让家长看到现阶段幼儿在书包整理中的表现和遇到的困难，向家长抛出问题：如何帮助幼儿养成自我服务的好习惯，可以通过哪些方式将书包整理的"主权"还给幼儿。这些问题引起家长的重视，引导家长参与到幼儿的成长中。

▶ 情境二：正视整理问题进行改进

引导家长参与到书包整理过程中，与幼儿一起探索出整理书包的方法，在书包的整理中逐一地对幼儿进行指导。

家长 1：你看，不能让书包这么乱，要按照书本大小逐一地整理。

家长 2：你每次找完需要用的物品之后，要把这些归于原位，这样书包才不会太乱。

在家长与幼儿的互动中探索出整理书包的方法：

1.有效激发——引导幼儿重视整理

（1）照片呈现法：家长利用照片整理的方式，吸引幼儿的注意，让幼儿看到整理的重要性。可以通过播放有序生活的照片引导幼儿观看。

比如家长给幼儿播放整理书包的方法，引导幼儿讨论，让幼儿认识到应该如何参与到书包的整理中，应该如何将书包内的物品井井有条地整理到位，进行归类。

（2）后果体验法：家长循序渐进地引导幼儿，帮助幼儿认识到整理的价值，逐渐优化整理方法，以积极态度参与到整理活动中。

幼儿虽然知道整理的重要性，但是在整理的过程中，却没有坚持的习惯，书包物品取完，会继续丢在一旁，不予理会。这个时候，家长需要进行引导，慢慢地帮助幼儿参与到书包的整理中。

2.拨云见日——引进具体的整理方法

发挥幼儿主体价值，家长需要选择合适的方法，请幼儿自觉地参与到书包整理中，逐渐帮助幼儿提高自理的能力。

（1）给出设想，如何分类整理

家长借助提问问题的方式，询问幼儿："怎样做好书包的整理，才能更加明了、简单、方便？"

引导幼儿想出好办法，如对每个材料进行标记，按照标记进行整理。家长肯定幼儿的想法并激励幼儿做出更多的探索。

（2）构建标记，明确标记内容

A. 做好分类

引导幼儿发挥自己的主观能动性，让幼儿结合自己的认识，对自己的物品进行分类，比如可以将书籍类整理在一起、文具类整理在一起，做好分类，保证书包内的物品是有序的。

B. 记住每个标记

有了标记之后，老师需要引导幼儿按照每个标记的要求，将物品、材料归类放进去，提醒幼儿想想接下来应该做什么，以此促进幼儿保持书包的整洁度，全面促进幼儿自理能力的提升。

▶ **情境三：进行最终成果的展示**

教师引导家长和幼儿一起上台展示最终的书包整理方法、经验技巧等，家长可以通过视频播放、书包整理成品展示、图片、经验技巧等方面进行分享。在分享的过程中，其他家长也可以进行交流、提问。最后，家长需结合本次的活动，对本次亲子整理活动发表感言和体会，让幼儿在浓厚、健康的环境和氛围中感受到整理活动的重要性。

教师反思

教师需要用发展的眼光、平和的心态去引导幼儿，将幼小衔接的"大阶梯"变成"小缓坡"，立足自理能力培养，打造层次化、多样化的游戏及活动，逐步地引导，促进幼儿进步。在这过程中，教师需要认识到，家园共育并非是一个治标体系，而是治本体系。只有长期、缓慢、反复地进行，才能形成习惯，才能助力家园合作。

（北京市大兴区榆垡镇第一中心幼儿园　李卓）

微信扫码

· AI 教学助手
· 内容图谱
· 知识图卡
· 保育笔记

了解孩子"问题行为"背后的心理诉求

视频二维码

孩子的"问题行为"通常不仅仅是表面的行为表现，更多的是他们内心需求和情绪的一种外在反映。家长和教育者需要细心观察孩子的行为，耐心倾听他们的心声，尝试理解他们背后的心理诉求。

▶ 情境一

浩浩在幼儿园中班经常表现出反社会行为，每当与其他小朋友发生争执，或者遇到不如意的事情，他就会用身体动作来表达自己的不满。这一行为让教师和家长都非常担忧。

解决策略

在引导浩浩的过程中，教师和家长可以教他正确的表达方式。例如，当浩浩感到生气或不满时，可以教他用语言表达自己的感受，而不是通过打人或咬人来发泄情绪。同时，可以鼓励浩浩参与一些情绪管理的活动，如绘画、讲故事、情景表演等，以帮助他更好地表达自己的情感和需求。此外，家长和教师还可以为浩浩营造一个积极、和谐的社交环境，安排一些小组活动，让浩浩与其他小朋友一起合作完成任务，从而培养他的合作精神和团队意识。

▶ **情境二**

　　小明是一个 5 岁的男孩，他对父母的指令产生了抵触情绪，出现一些过度反应。他有时会发脾气、破坏家中物品等情绪失控的行为，家长对此感到非常困惑和担忧，不知道如何应对。

　　解决策略

　　家长与孩子一起制定一些简单易懂、切实可行的家庭规则，比如"不可以随便发脾气""要爱护家里的物品"等。同时，要确保规则的一致性，让孩子明白无论什么时候、什么地点，这些规则都是适用的。在设定规则时，也要尽量用正面的语言来表达，比如"我们要保护家里的物品"，而不是"你不可以破坏东西"。当小明表现出好的行为时，家长要及时给予肯定和鼓励。这种奖励可以是口头表扬、小礼物或者是他喜欢的活动。通过奖励，小明会明白好的行为会得到认可和赞赏，从而更有动力去遵守规则、控制情绪。

归纳提升

　　了解孩子问题行为背后的心理诉求，是每位家长和教育者都应该关注的重要方面。孩子的行为，无论是积极的还是消极的，通常都是他们内心需求、情感和思想的反映。

　　首先，孩子可能通过问题行为来寻求关注。他们可能觉得在家庭中得不到足够的关注，或者在幼儿园中不被教师重视，因此，通过一些不当的行为来吸引他人的注意。这种情况下，家长和教师需要更加关注孩子的情感需求，给予他们足够的关心和认可。

　　其次，孩子可能想要通过问题行为来证明自己的能力和独立性。这种情况下，家长和教师需要引导孩子，帮助他们建立正确的价值观和行为规范。

　　总之，了解孩子问题行为背后的心理诉求，是解决问题的关键。家长和教师需要耐心倾听孩子的想法和感受，理解他们的需求和困惑，给予他们正确的引导和支持。同时，家长和教师需要关注孩子的成长环境和学习环境，为他们创造一个积极、健康、和谐的成长氛围。

（石家庄市第一幼儿园　赵帅坤）

如何修正家庭教育中不当教养方式

修正家庭教育中不当教养方式是一个至关重要的过程，它关乎孩子的健康成长和家庭的和谐氛围。父母应与孩子建立起良好的沟通机制，倾听孩子的需求和感受，共同制定和执行家庭规定。

▶ 情境一

在家中，西西的爷爷奶奶都十分宠爱她。平时，她最爱吃零食，在吃饭的时候，饭菜嚼在嘴里迟迟不肯下咽。在家里，她对大人说话就像下命令似的，稍不如意就哭闹、发脾气。

解决策略

教师应和家长进一步沟通，使家长意识到家庭教育的误区，并指导家长转变育儿理念，掌握科学的育儿方法，调动家长的积极性、主动性和创造性。以下为家长提供专业支持：

1.提供多样化食物，并向西西讲解其营养价值，提高食物吸引力，对尝试新食物的西西可以通过表扬、赞美或小奖品的方式进行鼓励。

2.面对西西的哭闹，要明确地向孩子展示不合理的需求不能通过哭闹得到满足，在孩子哭闹时，保持冷静并进行有效沟通。

3.要多创造机会锻炼并提高幼儿各方面的能力。让幼儿大胆去尝试，有时试错也是一种很好的体验和教育。

▶▶ **情境二**

球球是一个 5 岁的男孩，家庭条件优越。球球从小就被父母溺爱，父母从不限制他的行为，甚至在他犯错时也不会进行任何惩罚。球球自小就习惯了得到父母的一切关注和照顾，他不仅不会自己做事，还经常发脾气，不听别人的话。

解决策略

1.教师应和家长进一步沟通，使家长意识到家庭教育的误区，并指导父母应该适度限制和规定孩子的行为，让孩子知道哪些是可以做的，哪些是不可以做的，这样可以让孩子懂得自我约束和自我控制。

2. 正确的奖惩和教育措施，当孩子犯错时，父母应该用合理有效的教育和引导方式，让孩子知道自己的错误和后果，这样可以让孩子懂得尊重他人和社会规则。

3. 培养自主性和自我解决问题的能力，父母应该给孩子适当的自主空间，让孩子自己解决问题，培养孩子的自主性和自我解决问题的能力。

▶ 情境三

小宇平时沉默寡言，但会表现出冲撞他人、与同伴吵架等行为。经了解，小宇的父母平时工作比较忙，缺乏时间和精力对他进行明确的教育和指导。

解决策略

教师可通过约谈的方式与家长进行沟通，对家长的教育观念进行了解，向家长传递正确的家庭教育思想。

1. 要多抽出时间与孩子建立起积极、健康的沟通机制，增加小宇的安全性和信任感，帮助他更好地适应家庭和社会环境。

2.培养交往能力和情感管理能力，应多了解孩子的情绪需求，在处理小宇的情绪问题时要注重分寸和耐心。

3.为小宇创造一个健康、愉快的生活环境，例如公园活动、朋友聚会等，让他在生活中多受到美好的行为表现的影响，从而帮助他更好地适应社交环境。

归纳提升

面对幼儿，教师扮演着教育者及照护者的角色，而在家园沟通中，教师要转变自身角色，成为分享者和协助者。家长是家庭教育的主体，是幼儿成长最重要的责任人。在指导家庭教育过程中，教师应做好以下工作。

1.完成角色转换

（1）尊重家长的主体地位，调动家长的积极性、主动性和创造性，为家长提供专业支持，将家庭教育的主导权交给家长。

（2）尊重家长的教育风格。不同的家庭背景、经济条件及教育水平等都会使家庭的教育风格迥异，使得家庭教育没有完全通用的办法，要因地制宜，结合家庭现状，开展指导工作。

（3）重视家长提出的问题。家长提问就是在寻求教师的专业帮助，回答问题是家园沟通最好的渠道，要科学、及时地回应家长的需求，建立良好的沟通渠道。

2. 利用多种方式开展指导工作

通过日常沟通、约谈、讲座等多种方式，开展家庭教育指导工作。

（1）可通过日常沟通对家长的教育观念进行了解，初步传递家庭教育思想。

（2）利用家长约谈，提高家长关于幼儿身心发展、个性化发展等知识，转变家长重养轻教的心态，列理论、举案例，强调不端正的教育观念及不科学的教育方法的严重危害，转变其教育思想。

（3）家长知识讲座。依据实际情况，开展家长培训工作，制订培训计划，搜集真实案例，编写相关教学资源，将科学的教育理念传达给每位家长。

3. 培养学习型家长

教师可以请家长阅读名人传记，思考身边的成功教育案例，多看有关孩子成长的专题片，多与教师探讨孩子的教育问题，培养学习型家长，促进家长教育观念的逐步转变。

4. 科学回应家长提出的质疑

教师科学地回应家长的问题，指出家长的做法依据了哪些教育原理，会给孩子带来哪些益处，能够帮孩子解决哪些问题。只有科学地解释，才能消除家长的质疑。科学的回应也可以是教师向家长传播教育知识，提高家长的教育素养，并以此为案例推广到更多的家长身上。

幼儿是人生重要的发展阶段，幼儿教育是一个人接受终身教育的最基础的教育，幼儿的健康成长不光取决于幼儿园教师的细心呵护，更取决于家庭成员的科学教养。教师要充分发挥自身专业能力，指导家长科学开展家庭教育，促进幼儿健康成长。

（石家庄市桥西区瑞特幼儿园　王丽卿）

微信扫码
- AI 教学助手
- 内容图谱
- 知识图卡
- 保育笔记

视频二维码

帮助家长树立正确的教育观

正确的教育观意味着尊重儿童的独立性和个性，理解他们的成长需求和发展规律，并制定适合他们的教育方式。家长应认识到儿童是具有潜力的个体，他们有自己的思想、情感和需求，应得到充分的关爱、支持和引导。

▶ **情境一**

小明是个活泼可爱的四岁男孩，他的父母非常关心他的成长，但有时候也会焦虑困惑。小明的父母希望他能尽快学会更多的技能，可小明大多时间喜欢玩乐高积木，而对于父母教授的技能常识缺乏兴趣。

解决策略

1. 教师需要引导家长树立正确教育观：每个儿童都是独立的、完整的个体，都有自身的独特性。

2.幼儿在兴趣、爱好、气质、智能和特长等方面表现的差异与遗传、社会环境、家庭条件和社会经历紧密相关。教师可以通过家长约谈等方式，引导父母善于发现儿童身上的闪光点，用幼儿的优点与长处去克服、弥补幼儿的不足。

3.要把儿童看作是动态发展的人，应该尊重幼儿身心发展的规律，不可"拔苗助长"，应循序渐进，根据幼儿不同年龄阶段的特点进行有针对性的教育。

▶ **情境二**

依依在家里能说会道，想要干什么表达得一清二楚，还能把一家人指挥得团团转，甚至稍不顺心就大喊大叫、不达目的决不罢休。但一出家门，到了陌生的环境，面对陌生人时，就不敢当众说话，见人直往爸妈身后躲，要是爸妈不在身旁，还会害怕得大哭。

解决策略

1.改变溺爱的教育方式，停止对孩子的过度保护，相信儿童有无限发展的潜能。

2.提供社交机会，组织一些亲子活动或邀请小朋友来家里玩，让孩子在轻松愉快的氛围中学会与人交往。

3.鼓励幼儿多尝试，适当给孩子一些挑战，让他们在实践中学会面对困难，提升自信心。

▶▶ **情境三**

思思四岁，她的父母希望思思回到家中背古诗，完成一定的学习任务。可是思思回到家中只想画画或者玩过家家的游戏，妈妈认为画画和游戏不能够学到更多的知识。父母为了让思思每天完成一定的读写任务绞尽脑汁，甚至不惜用"威逼利诱"的方法让思思学习。

解决策略

1.游戏是幼儿的基本活动，是他们学习的主要方式，通过游戏幼儿可以学到多种能力。教师可以与思思父母交流沟通，为思思选择富有兴趣与教育性的游戏材料，让幼儿在游戏中感到快乐，在快乐中不断成长。

2. 儿童是整体发展的个体，幼儿的发展是体智德美诸方面的协调发展。

3. 过于强调智育，一方面会造成孩子的逆反，另一方面忽视了非智力因素在帮助幼儿适应社会生活方面发挥的重要作用。父母应该尊重幼儿的兴趣和个体差异性，改变教育方式，让儿童在快乐中成长。

归纳提升

家庭教育是教育的开端，关乎幼儿的身心健康和家庭的幸福安宁。教师要引导家长树立正确的教育观，帮助孩子扣好人生的第一颗扣子，迈好人生的第一个台阶。

1. 关注幼儿的全面发展

教师要引导家长在日常生活中以身作则，为幼儿树立榜样作用；利用一日生活中的各种生活情景，引导幼儿感知美、发现美；在幼儿兴趣的基础上提供符合幼儿年龄特点的学习材料；了解幼儿生长发育特点，将锻炼与保护并重，培养幼儿对于体育活动的积极态度；

当幼儿在劳动中遇到困难时，为幼儿搭建"阶梯"，化难为易。

2. 耐心倾听孩子的心声

注重情感沟通，建立良好的亲子关系。教师鼓励家长与孩子进行每天一次的分享，了解幼儿在园动态，并勉励与适度关怀；尊重孩子的意愿，关注幼儿心理，随时了解并倾听孩子的内心想法，知道他们的内心世界，做他们的知心朋友。

3. 尊重幼儿的个体差异

教师要引导父母善于观察，对幼儿的个性差异进行分析，在教育过程中采用适宜的教育策略，正确认识幼儿的成长发育特点，实现差异互补。同时，教师要引导父母掌握幼儿"现有发展水平"的层次和高低，采取不同的策略，满足他们的不同需求，运用多元评价方法，及时激励，激发幼儿的内在动力和潜力。

（石家庄市桥西区瑞特幼儿园 何俊儒）

家庭教育中对幼儿偏差行为的引导策略

视频二维码

家庭教育中对幼儿偏差行为的引导是一个综合性的过程。家长应从多方面入手，了解行为成因，然后以身作则、建立积极氛围及采用具体引导方法等手段，帮助幼儿建立正确的行为模式，促进其健康成长。

▶ **情境一**

小丽是个四岁的小女孩，聪明可爱，但最近却变得越来越任性。她想要什么东西得不到满足，就会大哭大闹，甚至摔东西。

解决策略

首先，家长要有耐心，保持冷静；其次，要稳定孩子的不良情绪，让她渐渐安静下来。家长可以与孩子进行一对一谈话，简单明了地让孩子明白不买某样东西的原因，还可以给她一个拥抱，让孩子感受到父母是爱她的，不至于产生抵触情绪。

▶ **情境二**

腾腾是个高高壮壮的男孩，平时爱发脾气，遇到稍有不顺心的事，就会大喊大叫。他觉得什么都是别人的不对，有时甚至还会打人和咬人。

解决策略

首先，家长要从自身做起，避免打骂的行为；其次，家长要多与孩子进行思想上的沟通，理解和尊重孩子，了解他的内心世界，给予他更多的关心和关爱；最后，家长要引导孩子找到更合适发泄情绪的方式，如运动、唱歌或到无人处呐喊，但绝不能伤害自己和他人。

▶ **情境三**

果果是全家的小宝贝，爸爸妈妈、爷爷奶奶对她都是全心全意地付出。可是，她有时候的举动，却显得斤斤计较。吃到好吃的菜时，她会说："你们别吃了，这都是我的。"妈妈生病的时候，她却要求妈妈陪她玩拼图，永远一副"我的事情最重要"的样子。

解决策略

首先，要潜移默化地给孩子灌输"家庭成员都是平等的"思想，孩子在享受家人关爱的同时，应该付出相应的责任和义务。其次，不盲目迁就孩子。正当的需求可以给予适当的满足，无理的要求应该和蔼地拒绝，不能因孩子的哭闹而迁就顺从。最后，父母要鼓励和指导孩子与伙伴们发展友谊，多参与人际交往。

▶ **情境四**

飞飞是一个温和且安静的孩子，不管遇到什么事，第一反应就是"怕"。他怕这怕那，最终什么事都不敢主动去做。

解决策略

首先，家长要努力创造温暖的家庭氛围，父母的陪伴和疼爱会带给孩子幸福感和安全感。其次，家长平时要多鼓励孩子，帮助孩子克服自卑和怯懦的心理，勇于尝试，勇于面对。最后，家长要多带孩子参加社交活动，接触更多的同龄人，培养他乐观开朗的心态。

归纳提升

聚焦家庭教育中的幼儿偏差行为，总结出以下引导策略。

1.关注到幼儿偏差行为背后的情感需要

丰富而健康的情感，是人们精神生活得以发展的必要条件。家庭教育不仅仅是认识的过程，更是情感交流的过程。跟成年人相比，幼儿有更多的情感需求，教师应指导家长关注并尽量满足孩子的这些情感需求，以使孩子的人格得到健康发展。孩子的情感需求主要有三个。第一，被人爱的需求，家长要经常性地给予孩子鼓励和赞扬。第二，自尊的需求。家长不能把孩子当成自己的私有财产，随意地斥责或打骂孩子，要充分尊重孩子的人格。第三，摆脱过失感的需求。家长应心平气和地面对孩子的失败和过失。

2. 营造良好积极的家庭氛围

一个和谐、温暖的家庭氛围可以让孩子在潜移默化中受到许多有益的影响，培养出良好的品德和行为习惯；反之，吵闹、情绪急躁、互相猜忌的家庭氛围会让家庭成员沉溺于紧张不安和压抑的情绪中，影响幼儿的情绪和心理状态。为了建立良好的家庭沟通渠道，教师可以引导家长采取以下方式：组织丰富多彩的家庭活动，如集体野营、旅行、举办家庭成员的生日会等；制定家规家训，明确家庭成员的责任和义务；建立正确的家庭价值观，如尊重长辈、关爱弱者、诚实守信等。

3. 引导幼儿积极参加社交活动

培养幼儿的社交能力是帮助他们建立人际关系、提高自信心以及适应社会环境的重要一环。教师可以帮助家长从以下几方面入手：为孩子提供多样的社交机会，如参加夏令营、游学等；鼓励孩子主动与他人交流；培养孩子分享与合作意识等。另外，家长要给予孩子足够的时间和机会来适应社交环境，以身作则，展示良好的社交技巧和行为。

（石家庄市桥西区瑞特幼儿园　翟晓轲）

请学会"赞叹"

▶▶ **情境**

在一个阳光明媚的午后，幼儿园自主游戏户外时间，小朋友们正在自主地玩一个名为"小小探险家"的游戏。只见昕昕和悠悠两个小朋友在独自穿越一系列轮胎、木板、垫子搭建的障碍，最终很开心且满足地进入下一轮游戏。

在这个游戏的参与者中，有一个名叫铭铭的孩子。铭铭平时在班里表现得很乖巧，但每当遇到需要他独自面对的挑战时，他总是显得犹豫不决，不敢尝试。这次游戏也不例外。当铭铭模仿着昕昕和悠悠走架空木板穿越障碍时，他站在起点，眼神中充满了恐惧和不安。教师在一旁观察着铭铭，注意到铭铭在面对挑战时总是选择退缩，不敢勇敢地去尝试。

解决策略

1. 给孩子尝试的机会，尊重孩子成长规律

具体情景：孩子和家长走路，孩子容易被路边的事物吸引，作为家长该如何做？

具体策略

孩子被路上野花野草等事物吸引，家长第一反应不应是责怪孩

子为什么这么慢，而是首先静下心来观察孩子被哪些事物所吸引。当孩子被路上事物吸引之后，我们可以与孩子讨论看到了什么，可以模仿一下动物或植物，用多种感官去探索这些常见的事物。家长要鼓励孩子和自己谈论感兴趣的事物，和孩子达到同频，孩子自然愿意和我们敞开心扉。在孩子探索之后，家长要用"赞叹"的语气和孩子共同分享感受，要充分赞扬孩子的想象力，为幼儿建立信心。

我们在孩子慢的时候要静下心来观察孩子，孩子因为好奇心被事物吸引，想摸一摸实物，感受一下这个世界。这时我们要捍卫孩子的权利，使孩子对世界的一切保持热爱并有足够浓厚的兴趣。

如果孩子愿意花时间观察事物研究石头、花、草，我们要给他们尝试和探索的空间、时间和更多尝试的机会，尊重孩子的成长规律，并积累相关经验。

2.不将缺点横向比较，不做别人家的"家长"

具体情境：在上舞蹈课时，别的孩子大大方方自我介绍，铭铭反而低头不语时，作为家长该如何做？

具体策略

当别的孩子大大方方自我介绍，我们家长切记不要假装不高兴地对孩子说："你看看人家，多大方多可爱。"当听到这样的话，孩子会认为："我比别人差很多，妈妈可能不喜欢我。"这会对孩子的自尊和自信产生负面影响。试试这样说："宝贝，勇敢尝试一下，他们能做到，妈妈相信你也能做到。"这样孩子会感受到妈妈是支持自己，很爱自己的，会感受到妈妈的"赞"，同时会勇敢大方地去尝试。

3.学会赞叹，不用表扬代替鼓励

具体情境：当孩子通过自己的努力获得成功的时候，我们除了说"你真厉害、真棒"之外，家长该如何鼓励、赞叹孩子？

具体策略

当孩子通过自己的努力获得成功的时候，我们可以采用描述法来和孩子进行沟通。你可以把孩子怎么努力做到以及如何进步的地方说出来。

例如，妈妈看到孩子每天练琴都练得很晚，遇到了难弹的曲子会主动请教教师，付出了很多努力、克服了很多困难，最终取得了好成绩。当孩子特别开心拿到教师的奖励回到家里时，让我们带着惊喜和好奇的态度去问："宝贝你感觉怎么样？你是怎么做到的？"这个时候孩子分享欲会被激发，会把他如何做到的，遇到困难时如何解决的，以及最终如何取得奖励的过程分享给我们，真正感受到成功的喜悦。

当孩子尝试新事物时，家长要关注他们的努力和付出，而不是仅仅关注结果。当孩子遇到困难时，家长可以鼓励他们坚持下去，帮助他们分析问题、寻找解决方案。当孩子取得进步时，家长要及时给予肯定和鼓励，让他们感受到自己的努力和付出是有价值的。

4.主动权交给孩子

具体情境：当孩子在家里什么事情都由他人代劳决定，自己不敢做决定，家长该如何做？

具体策略

首先，家长要给予孩子适当的自主权，让孩子在自己的能力范围内做出一些选择，能够增强他们的自信心和责任感。例如，家长可以在日常生活中，让孩子自己决定穿哪件衣服、玩哪个玩具等，这样他们就能从中学会独立思考和勇于尝试。其次，关注孩子的努力和进步。最后，以身作则，成为孩子的榜样。家长的行为对孩子有着深远的影响。家长可以在日常生活中展现出勇于尝试、不怕失败的精神，让孩子看到家长是如何面对挑战和困难的。这样，孩子就能从家长身上学到积极的生活态度和勇于尝试的精神。

（北京市大兴区榆垡镇第一中心幼儿园　谷扬）

微信扫码

- AI教学助手
- 内容图谱
- 知识图卡
- 保育笔记

附录：评估量表

参考文献

[1] 孙云晓 . 家校合作共育 [M]. 北京：中国人民大学出版社，2020.

[2] 王哼 . 幼儿园家园合作全攻略 [M]. 福建：福建教育出版社，2018.

[3] 刘旭东 . 园本教研的策略与方法 [M]. 重庆：重庆出版社，2008.

[4] 莫源秋 . 幼儿园教育研究新探 [M]. 南宁：广西人民出版社，2007.

[5] 万迪人 . 现代幼儿教师素养新论 [M]. 南京：南京师范大学出版社，2002.